经济建设和国防建设
出版工程

保密管理攻略：保密资格入门篇

JUNGONG KEYAN SHENGCHAN
BAOMI ZIGE RENDING GUANLI

军工科研生产保密资格认定管理

编 著　徐 博　魏 兴　万旭东

参 编　李欣泽　王 巍

主 审　刘 冬

哈尔滨工程大学出版社
Harbin Engineering University Press

内 容 简 介

本书以样例的方式介绍了获得军工科研生产保密资格的具体方法,并将保密资格认定工作分为前期准备、工作布置、现场审查和整改提高四个阶段。通过本书的介绍,读者可以基本掌握申请保密资格的方式和方法,基本了解保密工作的核心要义、总体思路和主要内容。书中的样例来自军工科研生产单位的实际工作,并经过必要的普适化处理和脱密、脱敏处理,读者可以根据自身工作需要参考借鉴。

本书适合企事业单位和政府机关的保密管理人员使用,也可供保密相关学科专业人员学习和参考。

图书在版编目(CIP)数据

军工科研生产保密资格认定管理/徐博,魏兴,万旭东编著. —哈尔滨 : 哈尔滨工程大学出版社,2021. 11
经济建设和国防建设出版工程. 保密管理攻略. 保密资格入门篇
ISBN 978 – 7 – 5661 – 3316 – 8

Ⅰ. ①军…　Ⅱ. ①徐…　②魏…　③万…　Ⅲ. ①军事工业 – 保密 – 资格认证 – 中国　Ⅳ. ①F426.48

中国版本图书馆 CIP 数据核字(2021)第 224233 号

军工科研生产保密资格认定管理
JUNGONG KEYAN SHENGCHAN BAOMI ZIGE RENDING GUANLI

选题策划　马佳佳
责任编辑　张　彦　章　蕾
封面设计　李海波

出版发行	哈尔滨工程大学出版社
社　　址	哈尔滨市南岗区南通大街 145 号
邮政编码	150001
发行电话	0451 – 82519328
传　　真	0451 – 82519699
经　　销	新华书店
印　　刷	哈尔滨市石桥印务有限公司
开　　本	787 mm × 1 092 mm　1/16
印　　张	11.25
字　　数	288 千字
版　　次	2021 年 11 月第 1 版
印　　次	2021 年 11 月第 1 次印刷
定　　价	79.80 元

http://www.hrbeupress.com
E-mail:heupress@ hrbeu. edu. cn

丛书编委会

总　序

国家利益高于一切,保密责任重于泰山!

欣闻"保密管理攻略"丛书即将付梓印刷,内心竟有些百感交集。本套丛书的作者均是从事保密工作十几年甚至是几十年的"老保密",他们将自己的一生都奉献给了保密事业。保密工作责任重大,关系国家富强、民族复兴的伟业。如此重要的工作,在日常中要落细、落小,紧密依托各项业务工作,须臾不可放松。面对纷繁复杂的工作内容,很多保密战线的同人们常感到茫然失措,无从下手:如果保密工作管理不到位,国家秘密会面临失控的风险;如果管理过头了,有些业务工作又无法开展。将保密工作融入业务工作,既能保安全又能保运转,是本书作者们思考的基本出发点。

"攻略"在不同的领域具有不同的释义,但都可以概括为"通盘的计划、策略和做法"。本套丛书命名为"保密管理攻略",道出了作者们凝练的保密工作要素和精华。他们经过几十年的工作积累,已经将保密工作的思路和方法溶于血液中,运用于平时的工作中,有效地保障了国家秘密的安全和科研生产工作的正常运转。"保密管理攻略"丛书既包含了胸怀全局的顶层设计,也包含了立于不败之地的底层思维,还包含了运筹帷幄的系统谋划,更包含了步步为营的分步实施。

保密工作的目标就是保证涉密信息在知悉范围内流转,简单地说就是让该知道的人知道,让不该知道的人无法知道。为实现这一目标,首先需要精准确定涉密信息是什么,准确界定知悉范围是哪些,需要设计一整套融入科研生产全过程的体系化的流程和方法,实现"业务工作谁主管,保密工作谁负责",确保各个管理要素和技术要求可以落细、落小、落地,涉密信息不被知悉范围之外的人获悉,最终有效地保障整个科研生产体系能够常态化运行,并实现对涉密信息的管控。这一套体系化的思路和做法也适用于其他管理工作。

这套丛书的作者们曾希望把自己的所思所想和所作所为毫无保留地和盘托出,但无奈纸短情长!越到细微之处越发现文字并不足以表达深刻的思想内涵。而"攻略"一词本身就包含实践演示和互动交流之意,也蕴藏着丰富思想,只可意会却无法言传。因此,作者们的很多感悟与思考在丛书中并没有全面地体现出来,实在令人遗憾。但是这些经历过风风雨雨的"老保密"们也都知道,留有遗憾,也许才是真正的完美,笔下写的是保密攻略,品味的其实是人生要义。

本套丛书成稿过程得到了国家保密局、中国保密协会、国家国防科技工业局相关领导的关心和指导,得到了哈尔滨工程大学,航天科工集团有限公司二院二部、二十五所、二〇七所的大力支持和帮助,借成书之际在此一并表示衷心的感谢!同时,也感谢宫洪岐和张常伟两位同志的宝贵意见和建议!

道不尽的酸甜苦辣,品不完的保密人生!

祝愿走在保密之路上的同人们一切顺利!

2021 年 2 月

前　言

2002 年,国家确立了军工科研生产保密资格认定制度,使我国的军工科研生产保密管理工作开始逐步走上了标准化、规范化的轨道,开创了我国保密工作的新局面。随着国际、国内形势的不断发展变化,随着保密管理工作的不断深入开展,军工科研生产保密工作体系也在不断完善和发展。国家先后修订了相关管理办法和工作标准,为军工科研生产单位开展保密管理工作提供了依据和基本规则。保密资格逐步成为从事军工科研生产的一道重要门槛,成为企事业单位服务国防事业的先决条件,日益受到企事业单位的高度重视。

中共十八大以来,越来越多的企事业单位渴望能够更好地发挥出自身的能力和水平,服务国家发展战略、服务国家重大需求、服务国防现代化建设,期望能够跨过保密资格认定这道门槛,进入军工科研生产单位的行列,为国家经济建设和国防事业做出更大的贡献。但受到发展理念、单位文化、管理思想等多方面因素制约,一般的企事业单位并不能够迅速理解国家的保密管理思路,也很难迅速调整本单位的管理措施,因而很难跨过保密资格认定这道门槛,达到国家提出的保密工作管理要求,所以就很难实现单位的远大抱负,无法承担起相应的军工科研生产任务。这些企事业单位迫切地需要得到一些指点和借鉴,从而能够迅速地领会军工科研生产保密管理工作的门道,能够迅速地建立起自己的工作体系,进而承担起军工科研生产任务,为国家的国防现代化事业贡献一份力量。

本书着重介绍了军工科研生产单位如何申请保密资格,和《军工科研生产保密要素管理》《军工科研生产网络保密技术管理》两本书共同勾勒出军工科研生产保密管理的主体框架,其中的样例全部来源于实际工作,具有很强的实用性,能够作为广大保密管理工作者参考借鉴的工具书。受篇幅所限,本书仅就军工科研生产单位申请保密资格这一件事进行了比较详细的描述,军工科研生产保密管理中的很多细节只是一笔带过。

做好保密资格认证第一步应该是端正对保密工作的认识,摆正保密工作的位置。保密工作是一项极端重要的工作,关系到国家的安全和发展,必须要给予高度的重视。

在本书即将付梓印刷的时候,我们惊闻阮谢虹老师于 2021 年 10 月 2 日在京仙逝的消息,不由扼腕叹息、潸然泪下。阮谢虹老师是在军工科研生产单位中有很高知名度的保密专家,从 2006 年开始指导多家军工企事业单位通过了保密资格认定。她的足迹遍及祖国大江南北,从军工企业到科研院所,再到高等院校;她总能一语道破单位的保密工作症结所在;她的指导总是非常贴近单位的实际,既能保障单位的保密安全,又具有可操作性。阮谢虹老师能够抓住保密工作的本质,既可以和大学校长平等交流,也可以对集团领导指点一二,更是手把手地为军工科研生产单位教出了一支接地气的保密干部队伍。阮谢虹老师是本套丛书的重要发起人,是《军工科研生产保密要素管理》的主要著作人,正是她的辛勤工作才成就了这套图书与读者的见面。我们也代表所有和阮谢虹老师共同工作过的同人,用此套丛书表达对她的崇敬和纪念。阮谢虹老师将和她的著作一起陪伴在我们身边。

编　者

2021 年 10 月

目 录

第一章　保密资格认定的前期基础

第一节　申请保密资格的基本常识

一、保密资格认定的基本知识

21世纪初,国际战略格局风云变幻,综合国力竞争异常激烈,世界各国,特别是大国为获得竞争优势、赢得战略主动,对信息控制权的争夺愈演愈烈,窃密与反窃密斗争日趋激烈,国防军工保密形势十分严峻。

从目前来看,西方敌对势力和各种分裂势力对我国进行窃密活动日益猖獗。一方面,敌对势力利用高技术手段进行窃密活动,建立了海、陆、空、天一体化的电子侦察网,对我国实施全方位、全天候、全频段的立体技术侦察。我国国防科研生产方面的信息传输安全面临严重威胁,互联网黑客攻击窃密、网上勾连窃密已成为最有效、最直接、最安全的窃密手段。这些高技术手段的应用,使情报窃密具有速度更快、信息量更大、选择性更强的特点。另一方面,利用经济贸易、旅游观光、文化交流、合资投资等活动窃取国防科研生产秘密。西方敌对势力和各种分裂势力通过各种渠道,采取"打进来""拉出去"等手法向我国国防科研生产单位渗透,竭力以各种手段拉拢、收买、策反我内部人员,在我国军工单位内部设坐探、"安钉子",建立长期情报来源,广泛搜集我军工单位武器装备科研生产情况。20世纪90年代,发生在国防军工单位的多起间谍窃密案和泄密事件,充分证明西方敌对势力和各种分裂势力刺探我国国防科技工业情报,已经到了猖狂和不择手段的地步,已经给我国国防安全造成严重的损失。

从国内环境来看,随着我国改革开放不断深入,国防科技工业改革不断深化,使保密工作面临许多前所未有的新情况和新问题。和平环境下,涉密人员保密意识、敌情意识淡薄,麻痹思想严重,防外不防内的倾向不同程度存在;信息公开,透明度增大,"保"与"放"的矛盾比较突出,使保密管理难度加大;信息化条件下,载体存储、传递方式发生根本变化,大量涉密信息存储在"盘"上,流动在网上,传播于空中,泄密隐患和漏洞大大增加。在国防军工单位,涉密人员无序流向合资、外资企业和国外,存在着被境外间谍情报机关拉拢、渗透、策反的威胁;新闻媒体、网站刊登、转载、炒作我国武器装备军工科研生产情况方面的内容时有发生;安全防护薄弱,特别是信息系统技术防范建设严重滞后;保密制度不落实,管理松弛,失泄密事件时有发生;保密管理队伍和人员队伍建设不适应形势发展要求;极少数人人生观、价值观扭曲,理想信念动摇,利欲熏心,投敌变节,出卖情报。这些问题给敌人窃密带来可乘之机。

正是在这种内外环境下，国家提出要在继承传统军工保密工作的基础上进行改革创新，探索一条适合军工保密特点的新路子，使国防军工保密工作向科学化、规范化、制度化转变，并于 2001 年 7 月提出了相关工作意见。按照国家的指导意见，相关部门制定了《武器装备科研和生产单位保密资格审查认证管理办法》（以下简称《办法》），及作为《办法》附件的《武器装备科研生产单位保密资格标准》（以下简称《标准》），并成立了相关的行政机构、负责审查认定工作的专家组。这些举措表明我国的保密资格审查认定制度正式建立，从 2003 年第二季度起，审查认定开始实施，保密工作出现了新的气象，军工科研生产单位出现的失泄密事件大量减少。

实践证明，军工单位实行保密资格审查认定制度，对加强国防科技工业保密工作起到了重要作用，打破了困扰国防科技工业保密工作开展的"瓶颈"，激活了国防科技工业的保密工作，是国防科技工业保密工作向科学化、规范化、制度化迈出的重要一步。通过保密资格审查认定，国防科技工业保密工作发生了深刻变化。

一是保密意识得到增强。通过各种形式的保密宣传教育，军工单位广大干部员工的保密意识普遍增强，"国家利益高于一切，保密责任重于泰山"的口号在各军工单位响起，形成了良好的保密工作氛围。

二是领导责任制落实得到加强。各军工单位领导把保密工作作为重点来抓，把通过保密资格认定作为大事来抓。党政主要领导认真推动业务归口管理，层层签订保密责任书，实行责任追究制，对保密工作的领导明显加强，保密工作领导责任制进一步得到落实。

三是保密制度不断完善。各军工单位普遍按照《标准》的要求，结合军工科研生产实际，修订、完善了各种保密规章制度，形成了比较完整的保密制度体系，使保密工作更加有章可循，有力地保障了保密管理机制的有效运行。

四是保密工作措施得以落实。第一是涉密人员管理明显加强。各军工单位按照涉密程度确定了涉密岗位和涉密人员的涉密等级，实行了核心涉密人员和重要涉密人员的备案制度，加强了对涉密人员上岗、在岗、离岗的保密审查、考核和监督，对涉密人员进行科学有效的管理。第二是涉密载体管理得到加强。各军工单位按照涉密载体管理规定，从制作、收发、传递、使用、保存和销毁等各个环节入手，采取了一系列控制措施，使涉密载体全部进入密码文件柜。对涉密载体管理做到"清桌锁柜""底数清、去向明"，且已成为日常规范和良好习惯。第三是涉密计算机信息系统防护和管理得到加强。各军工单位按照国家有关规定，加大投入，对涉密计算机和涉密计算机信息系统进行安全保密防护，与互联网严格实行物理隔离，普遍封闭了光驱、USB 口，加强了涉密介质管理，涉密计算机和涉密计算机信息系统内部不设防的状况得到明显改观。第四是重要涉密活动管理得到加强。重要涉密活动主要围绕"高新工程"和重点型号展开，各军工单位对重点项目和工程、涉密会议、外场试验以及对外交流等活动加强了保密管理措施，为重要涉密活动制定安全保密方案，落实保密责任，加强保密检查，保密管理逐步得到规范。第五是人防、物防措施得到加强。各军工单位按照《标准》，明确保密要害部门、部位，加大专项经费投入，完善人防、物防措施，普遍实行安全隔离、进出控制和人员守卫措施，配备了门禁系统、红外报警、电子监控、计算机电磁干扰器、手机信号干扰器、密码文件柜、文件粉碎机等设施设备。第六是保密监督检查得到加强。各军工单位对保密工作落实情况开展了经常性的检查，对涉密事项和涉密活动采取了严格的保密审查、审批措施,加大了保密考核奖惩力度,对保密工作先进集体和个人给予表扬和奖励,对违反保密规定的行为进行严肃处理,并给予经济处罚。经常性的保密监督、检查使保密制度得到有效落实,也为建立保密工作长效机制提供可靠保证。第七是保密机构的工作得到保障。《标准》对军工单位保密机构人员编制、经费使用提出了硬性要求,各军工单位普遍按照要求设置了保密工作机构,配备了保密工作人员,落实了保密管理经费和保密专项经费,建立了一支适应工作基本需要的保密干部队伍。

总之,军工单位实行保密资格审查认定管理制度,是新形势下加强国防科技工业保密管理工作的客观要求和重要手段,它有效地把保密工作与科研生产任务紧密结合,不断推动保密管理工作的科学化、法制化、制度化。军工保密资格审查认定为一项管理难度很大的工作,建立了一套符合实际的具体标准,把保密工作与企业生存和发展紧密联系起来,以标准促管理,以认定促发展,大大加强了企业自身建设,形成了国家利益、单位利益、个人利益良好互动的局面。

二、申请保密资格应具备的基本条件

本书重点是介绍保密资格申请的具体操作方法等实务问题,在此仅简要介绍一下《办法》和《标准》要求的基本内容,对于《办法》和《标准》的解读可以参考其他专业书籍。

(一)单位申请保密资格要达到国家要求的最基本条件

(1)在中华人民共和国境内依法成立3年以上的企事业单位的法人,并无违法犯罪记录;

(2)承担或者拟承担武器装备科研生产的项目、产品涉及国家秘密;

(3)无境外(含港澳台)控股或直接投资,且通过间接方式投资的外方投资者及其一致行动人的出资比例最终不得超过20%;

(4)法定代表人、主要负责人、实际控制人、董(监)事会人员、高级管理人员以及承担或者拟承担涉密武器装备科研生产任务的人员,具有中华人民共和国国籍,无境外永久居留权或者长期居留许可,与境外(含港澳台)人员无婚姻关系;

(5)有固定的科研生产和办公场所,具有承担涉密武器装备科研生产任务的能力;

(6)保密制度完善,有专门的机构或者人员负责保密工作,场所、设施、设备防护符合国家保密规定和标准;

(7)1年内未发生泄密事件;

(8)法律、行政法规和国家保密行政管理部门规定的其他条件;

(9)上市公司申请保密资格的,除满足以上8个条件外,还应符合以下条件:

①近3年内未受到证券监管机构的行政处罚;

②内部控制和信息披露制度完善;

③实际控制人承诺在申请期间及保密资格有效期内保持控制地位不变。

(二)军工单位保密资格申请提交材料

(1)《军工单位保密资格申请书》(以下简称《申请书》,《申请书》及相关材料不得涉及

国家秘密);

（2）工商营业执照正本和复印件或者事业单位法人证书正本和复印件；

（3）在登记机关备案的章程；

（4）上一个年度财务审计报告（上市公司最近一次的年度报告）；

（5）科研生产场所产权证书或租赁合同及其复印件；

（6）军队资格审查申请受理点、军工集团公司、项目总承包单位或者法律法规规定的有关部门出具的保密资格认定等级建议表；

（7）国家保密行政管理部门要求提供的其他材料。

(三)《保密资格认定等级建议表》(以下简称《建议表》) 的开具方法

（1）《建议表》应由装备承制单位资格审查申请受理点、中国科学院、军工集团公司（含中国工程物理研究院）总部保密工作机构、总承包单位保密工作机构或者中华人民共和国工业和信息化部等法律法规规定的国务院有关部门出具，其他部门或单位填写无效；

（2）总承包单位保密工作机构填写《建议表》的，应当补充提供能够体现总承包方地位的合同（须经脱密处理）等材料；

（3）《建议表》不得涉及国家秘密，项目或产品名称代号等信息涉密的，应当做脱密处理。

(四) 军工科研生产单位保密资格申请基本流程(以一级为例)

军工科研生产单位保密资格申请基本流程如图 1.1 所示。

三、申请保密资格要有端正的思想认识

(一) 对保密工作要有正确的认识

申请保密资格，首先要求对保密工作有一个正确的认识。保密工作是做好武器装备科研生产的基础。古今中外，保密工作一直是巩固政权、管理国家、保持社会稳定和保障经济发展的一种社会职能，是在政治斗争、军事斗争和经济、科技竞争中维护一定阶级、民族、国家的安全与利益的工具和手段。这是所有国家保密工作的共性。我国的保密工作是为人民的根本利益服务。这一性质主要体现在我国保密工作是以坚持四项基本原则为前提，以巩固社会主义制度、保卫和发展社会主义建设为目的。特别是《中华人民共和国保守国家秘密法》将"维护国家的安全和利益，保障改革开放和社会主义建设事业的顺利进行"作为立法宗旨，这样就从法律上规定了我国保密工作的根本性质。我国保密工作具有如下一些特点。

1. 政治性

保密工作的政治性表现在两个方面：一方面表现在它的阶级性上。由于政治最集中地反映着不同阶级的利益及其相互之间的斗争，因而保密工作的政治性首先表现在它的阶级性上。保密工作从本质上讲是阶级利益冲突的产物，是阶级斗争的工具。我国的保密工作是为以工人阶级为领导的广大人民群众的根本利益服务的,起着预防国内外敌对势力窃密等破坏和颠覆活动、巩固社会主义制度的重要作用,因而具有鲜明的阶级性。另一方面表现在它的根本任务上。保密工作作为统治阶级管理国家的手段,它的根本任务是保障政党和国家政权活动的正常进行,实现政党和国家政权的活动目标。在我国,保密工作的根本任务就是为实现党的路线、方针、政策服务。

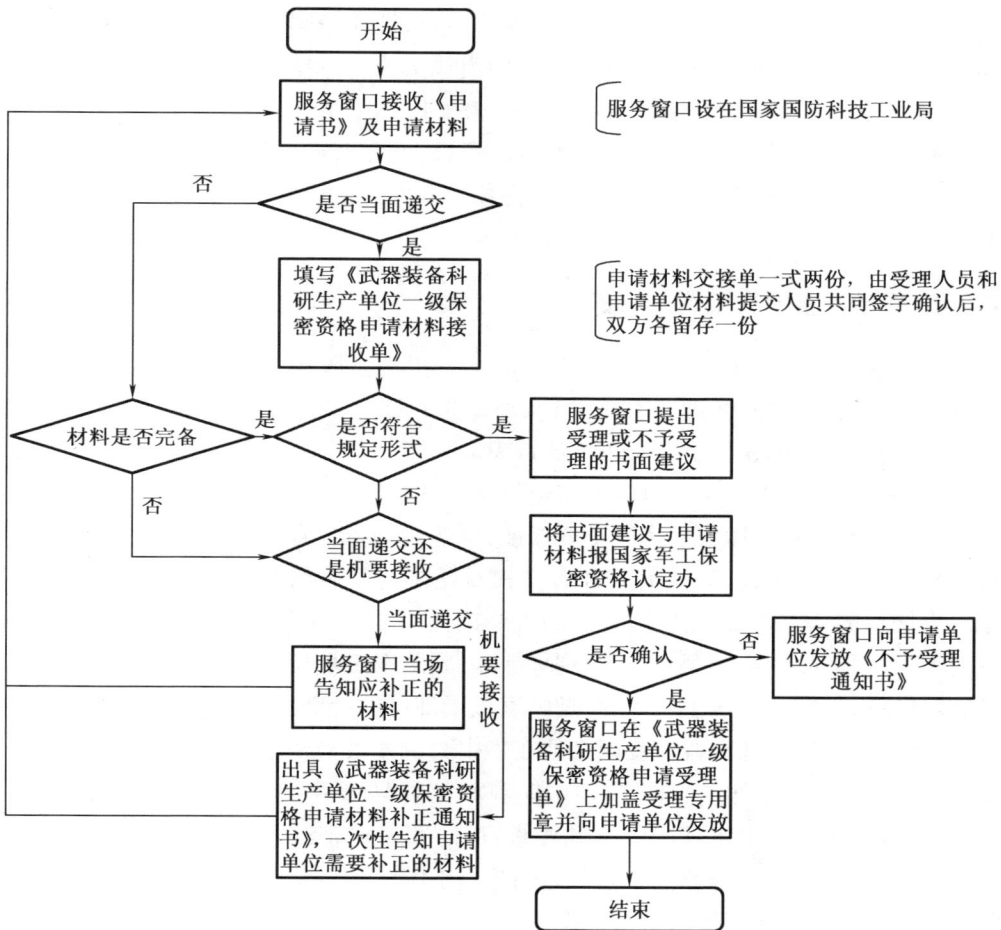

图1.1　军工科研生产单位保密资格申请基本流程

2. 群众性

保密工作之所以具有群众性,是因为:第一,国家秘密分布在各个领域、各项工作中,内容非常广泛,涉及各个方面,这就决定了保密工作是一项群众性很强的工作;第二,《中华人民共和国宪法》和《中华人民共和国保守国家秘密法》都规定,保守国家秘密是公民的义务,因而保密工作同广大人民群众的关系很密切;第三,坚持群众路线,紧紧地依靠群众是做好保密工作的可靠保证;第四,坚持群众路线,是做好保密工作的光荣传统。

3. 防御性

保密工作是保守秘密的工作,"保守"决定了它的防御性。保密是相对于窃密、泄密而言的,它的直接目的是防止国家秘密被泄露。但是,这种防御性的工作不是消极、被动的,而是积极、主动的,因此保密工作具有防御性的特点。这一特点也决定或影响着保密工作及所采取的方式、方法必须以预防为主。例如,经常向涉密人员进行保密教育,建立严格的保密制度,配备使用保密技术装置,开展保密检查等。

4. 专业性

保密工作的内容非常广泛,涉及政治、经济、军事、科技、文化等各个方面、各个行业,尤其是经济、科技、通信、宣传报道和新闻出版工作,专业性比较强。因为国家秘密寓于各项工作和业务活动之中,保密本身就是业务工作的组成部分,哪里有业务工作,哪里就有保密工作,业务工作到哪里,保密工作就到哪里。保密工作必须结合业务工作一道去做。离开业务部门和业务人员,保密工作是无法做好的。所以,它具有专业性,即与业务工作相结合的特征。随着保密法规体系的逐步完善和保密技术的发展,以及保密工作机构内部分工的日趋细致、科学,保密工作的专业性也将愈来愈强。

(二)对保密资格要有正确的认识

从事军工科研生产的企事业单位首先要清楚承担的是服务国家安全和领土完整的神圣责任,做好保密是最基本的要求。因此,从事军工科研生产的企事业单位达到保密要求是最基本的条件,单位的领导层要有正确的认识。

1. 要正确认识国防军工保密对国家安全的重要意义

国防军工保密是维护国家安全的重要保证,国防是国家生存与发展的安全保障。防备和抵抗侵略,捍卫国家主权、领土完整和海洋权益是国防安全的基本任务。国防科技工业是我国综合国力的集中体现,是国防建设的重要支柱,是维护国家生存利益,维护国家发展利益,维护领土、领海、领空安全利益的重要保障。国防军工单位直接承担国防武器装备建设任务,其涉密武器装备科研生产活动,是国家赋予许可的特殊活动,直接关系到国防建设与发展,关系到国家安全和利益。我国必须在集中力量发展经济的同时,加快国防建设,增强国防实力,维护国家安全。当前,实现国防科技工业转型升级,建设创新型国防科技工业,都对安全保密工作提出了新的任务和要求,国防军工保密已经与国防科技工业的生存发展紧密相连,是维护军工企业核心竞争力的重要手段。

2. 要正确认识申请军工保密资格工作

做好武器装备科研生产保密工作,不仅是国家的要求,也是国防军工单位自身发展的需要。保密资格是对从事军工科研生产单位所要达到的保密能力和水平的一个最基本的要求,并不是"超能力""过保护"的要求。而《标准》是保密资格审查和复查的重要依据,是检验企事业单位是否具备保密资格条件的依据,是保密资格审查认定工作客观公正的保证,也是衡量企事业单位保密工作水平的依据。获得保密资格仅仅是工作的开始,更重要的是要建设单位的保密工作体系和建立长效机制,把保密工作与企事业生存和发展紧密联系起来,以认定促发展,形成国家利益、单位利益、个人利益良好互动的局面。

3. 要正确认识军工保密资格现场审查

企事业单位在申请保密资格并获得受理之后,国家或省级军工保密资格认定委员会在决定受理之日起 30 个工作日内,组成审查组对申请单位进行为期 2～3 日的现场审查。这是一次对申请单位是否符合《标准》进行的全面性、真实性和可靠性的实地核查和评审,是整个审查认定的核心内容和关键环节。保密资格现场审查依据《标准》实行评分制。审查组会依据《标准》和《武器装备科研生产单位保密资格评分标准》(以下简称《评分标准》)各项内容要求,对申请单位的保密工作情况逐项评分,综合评审后,做出符合标准或不符合标准的审查结论。

现场审查一般会有提前通知、听取汇报、审查文字材料、接触人员了解情况、组织涉密人员考试、实地审查、形成审查结论、通报审查意见和结论、被审查单位对审查意见和审查结论进行确认等环节。如果审查中发现被审查单位重要事项达不到《标准》的要求或严重违反保密规定,存在重大泄密隐患的,会中止审查;对不《标准》,评分分值未达到《标准》要求的单位,审查组会给出不予通过审查的意见。审查通过的单位会在 2~3 年后进行复查。

可以说保密资格的现场审查是整个保密资格认定环节的重中之重,申请单位应当予以高度的重视,同时更要有正确的认识。涉密武器装备科研生产活动中所涉及的关系到国家安全和利益的信息,都属于国家秘密,归国家所有。因此,申请单位是在为国家利益而采取严格的保密管控措施,要主动维护国家《标准》的严肃性和权威性。企事业单位作为科研生产主体,要获得涉密武器装备科研生产的保密资格,就应当对照《标准》达到各项要求,并在取得保密资格后保证《标准》的执行,做到持之以恒。

个别的申请单位为了规避现场检查,从提交《申请书》开始就刻意隐瞒,甚至是弄虚作假。例如,有的单位有意隐瞒境外投资,通过复杂的投资关系掩盖境外投资控股的真相;有的单位隐瞒主要人员取得境外长期居留许可等情况;有的单位临时借用科研生产场所应付现场审查的情况;还有的单位借用临时人员应对现场检查的情况等。其实这些情况都能通过企事业单位的日常财务管理登记记录、资金周转记录轻易查出。个别单位之所以有侥幸心理,想通过欺骗手段蒙混过现场检查,其思想根源是对保密工作不重视,仅看到了从事军工科研生产的经济效益,而没有认识到后面的国家利益。

第二节　申请保密资格之前必须要做好的几项准备工作

申请保密资格是一项涉及企事业单位长远发展的战略性决策,一个单位如果决定要申请保密资格,就是把单位的发展与国家安全和利益紧密挂钩,把单位的发展与国家发展战略绑定。这需要单位的全体人员从思想上提高认识,从组织、制度、机制、机构等各个方面做好相应的准备。

一、要做好思想上的准备

单位负责人要充分认识"国家利益高于一切,保密责任重于泰山"这句话的内涵,提升对保密工作重要性的认识。无论单位的所有制形式如何,只要成功申请到保密资格,就意味着必须服务于国家利益;也意味着在国家利益面前,单位和个人要付出更多,甚至是牺牲。这是对保密工作和军工科研生产重要性方面的认识。对于保密工作来说,只有从思想上重视才有可能开展好。但是仅有重视是不够的,军工科研生产的保密工作,要求更多的是在科研生产过程中落实保密要求,这才是军工科研生产保密工作的关键,要将保密要求落实到科研生产的所有环节中去。要做好军工科研生产的保密工作,保密与业务相融合是非常重要的,如果做不到,再好的保密制度和要求都是形同虚设。要做到业务与保密工作相融合,第一要务是相关人员要有相应的思想认识。因此,保密资格申请单位从上到下各个层面都要做好相应的思想准备。思想认识到位了,后续的办法、措施才能跟上。要申请保密资格,在思想上的准备至少要包括两方面的内容。

(一)思想认识的准备

1. 单位的领导层对于军工科研生产保密工作的艰巨性要有充分的思想准备

从事军工科研生产工作,获得经济效益之前必须要有足够的投入,包括人力、物力、财力、时间和精力等。领导层的认识是基础、是前提,认识决定态度、决定主导行为。单位的主要领导不仅要深刻认识保密工作的极端重要性,更要牢固树立敌情意识、风险意识、责任意识,筑牢思想防线。要提高领导层对保密工作的重视程度,主要领导就要认识到保密工作是一项严肃的政治任务,是必须直接管理和承担的责任工作。一些工作需要主要领导亲自负责落实,尤其是在申请保密资格的早期,多数员工的思想观念还没有完全转变,对保密工作有许多不正确的认识,此时更需要主要领导亲力亲为,正如俗话所说:"保密工作老大难,老大一抓就不难。"但是,老大要抓什么? 怎么抓? 这也是一个重要的思想认识问题。

总会听到从事军工科研生产的单位领导抱怨:"我大会讲、小会讲,让大家注意保密!注意保密! 能说我不重视保密工作吗? 但我无论怎么强调,总会有人犯错误! 我有什么办法!"这位领导的话具有一定的代表性,尤其能代表一些申请保密资格的单位领导。单位领导对保密工作的重视不能停留在口头上,大会讲、小会讲,讲得再多也没有实际用处。单位领导对于保密工作的重视应当体现在资源的投入、责任制的落实、制度的完善和对人员的监督等方面。简单地说,单位的主要领导应当组织构建起一套与各项业务深度融合的保密工作管理体系,而不是停留在口头的重视。

此外,军工科研生产单位的保密工作不是一蹴而就的,申请单位即使拿到了保密资格证书也不意味着可以一劳永逸,单位领导绝对不能有拿到证书就完事大吉的思想。事实上,获得保密资格仅仅是从事军工科研生产的开始,日后的工作日常运转才是真正的重点和难点,保密工作的任务是长期而艰巨的。在保密资格管理的工作实践中经常可以遇到单位主要领导对保密工作口头重视,实际却舍不得投入资源,总想采取一些手段应付保密检查,这种做法会给国家安全和利益带来巨大的风险和隐患。单位领导必须做好长期开展保密工作的准备,舍得在资源上投入,肯于在实践中落实,这样才能做到既保国家安全,又保单位发展。

2. 单位的中层管理人员对归口管理和保密与业务相融合要做好思想准备

保密工作本身是一项专业性非常强的工作,从事军工科研生产的单位又因为与国防武器装备密切相关,所以其保密工作又有很多重点、特点和难点。这些重点、特点和难点要求单位的中层管理人员能够准确把握工作的走向和业务的特点,将保密工作融入业务工作流程中,与业务工作同计划、同布置、同检查、同总结、同考核(以下简称"五同时")。要做到保密工作的"五同时",除了对业务工作精通以外,还要对保密工作有深刻的理解,尤其是对业务工作中的定密工作要有深刻的理解。只有将业务工作与保密工作融会贯通,将保密工作融入业务工作中,才能保证保密工作要求真正落实到位,也能保证业务工作顺利进行,避免出现保密与业务"两张皮"现象。

保密工作的"归口管理"是国家在第三轮保密资格认定中提出的保密管理理念,是众多一级保密资格单位在两轮保密资格认定工作的基础上总结出的工作理念,是科学地落实"业务工作谁主管,保密工作谁负责"工作要求的具体方法。一些申请保密资格的单位往往会认为保密工作是保密委员会办公室(以下简称"保密办公室")的事情,负责具体业务的中层管理人员也往往会认为保密工作无非就是管好一些涉密载体,意识不到保密工作是业务工作的一部分,意识不到保密工作要融入业务流程中。申请单位的中层管理人员要深刻理解"归口管理"的意义,各个部门在履行业务管理的同时各司其职、分工协作,共同完成好军工科研生产任务,共同做好保密管理工作。

3. 单位的基层工作人员对于执行保密规定的严肃性要有思想准备

一般来说,一个单位只要领导层做出决策并确定了工作目标,管理层制定了相应的制度和措施,那么基层只要认真执行单位的规定就可以了。但事实上,在军工科研生产的工作实践中,还是会出现一些基层工作人员不按照工作规程完成任务的情况,有投机取巧绕过保密监管的现象发生。申请单位要加强对基层工作人员的教育、培训,通过教育使其了解保密工作的重要性和严肃性,通过培训使其掌握保密工作的技能。要让每个基层工作人员都深刻认识到,保密不是与自己无关的事情,保密不是别人的事情,保密就是自己的岗位职责,保密工作做不好,就相当于生产出不合格的产品,保密出问题的后果比生产出残次品更严重。

单位只有从上到下都有了相应的思想认识,才具备从事军工科研生产的最起码的条件,才有可能进一步做好相应的工作。

(二)思想方法的准备

申请单位要充分认识到军工科研生产的保密工作是军工科研生产环节的一个重要组成部分,不能将保密工作与科研生产工作分割开来,当成两项工作来处理。要体系化地思考问题,从全局把握方向。

1. 要做好顶层设计

申请保密资格的单位应当从全局角度来考虑保密资格与武器装备科研生产之间的关系,思考保密工作与整体工作的关联性,不能只看到眼前的短期利益,要有战略眼光。决策层要搞清楚本单位为什么要申请保密资格,是一时的利益需要还是长远的战略布局;单位的优势是什么,能否得到发扬光大;单位的劣势是什么,是否会制约科研生产工作的开展;单位是否愿意承受必须付出的较高的保密成本等。当以上问题都得到满意的回答的时候,申请单位的决策层基本就可以拍板布置相应的申请工作了。这里所说的顶层设计,是指从整个单位全局的角度,以保密资格申请为切入点,对单位保密工作进行全方位、全层面、全要素统筹规划,以集中有效资源,高效、快捷地实现保密工作的管理目标。这里要强调的是,保密工作绝不仅仅是保密工作机构的事,军工科研生产也不仅仅是科研生产部的事,而是单位全体人员的事。开展顶层设计就是要将军工科研生产的质量责任、安全责任、保密责任结合起来，全员有组织、有目标地统筹运作，对每一个管理部门、每一个科研团队、每一个生产班组都提出规范的工作要求。整个顶层设计是一项复杂的系统工程，要沿着军工科研生产的脉络梳理，围绕科研生产的质量目标设计，既不能眉毛、胡子一把抓，也不能零打碎敲。

图1.2是一个比较简化的军工科研生产单位保密管理体系图。申请单位要做好军工科研生产保密管理顶层设计就要做好全科研生产流程的系统规划。责任制体系——明确每个岗位的保密责任是什么；制度体系——明确每个岗位的保密责任该如何去落实；教育培训体系——每个员工都要掌握落实责任的工作技能；技术防范体系——明确需配备的安全保密技术产品，员工需掌握的技术要求、防范措施；日常管理体系——保证员工掌握的技能在具体工作中实施；监督保障体系——提供必要的工作条件，发现体系运转中的问题，问题导向修订责任制和制度中的偏差，实现工作体系的持续改进。一般从事武器装备生产的企业都有一整套比较完善的质量管理体系。

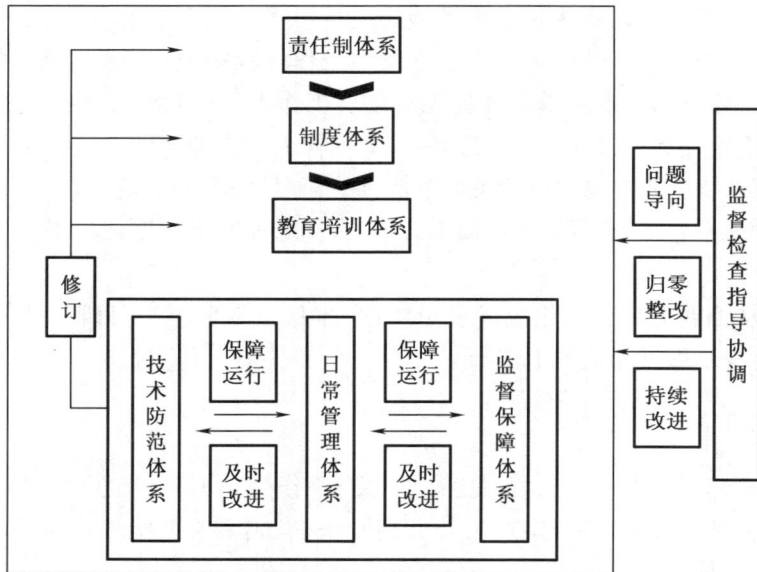

图1.2　军工科研生产单位保密管理体系图

2. 要有底线思维

申请单位一般是已经承接或者有意向承接军工科研生产任务的企事业单位，这些单位应当都具备了从事军工科研生产的基本能力，达到了相应的质量标准和管理水平，单纯地承接科研生产任务是没有问题的。但是由于军工科研生产的特殊性，保密要求要高于单位对于知识产权的保护要求。所以在安排单位保密管理工作的时候不能有一丝一毫的侥幸心理，不能有一丝一毫的麻痹大意。每一个漏洞都要堵塞，每一个隐患都要排除。单位的知识产权保护不好损失的是金钱，而国家秘密保护不好损失的可能是生命，可能是国家主权和领土完整，孰大孰小一定要做到心中有数。经济效益可以有损失，但国家利益不容有任何损失。做好军工科研生产工作,保密安全是条底线,不容突破。所以申请单位从决定申请保密资格的时候起,就应该做好最困难的准备,严防一切可能出现的保密风险,堵塞一切安全漏洞,消除所有的工作隐患。单位的负责人不能有丝毫的侥幸心理和冒险心态,严格依照《标准》落实各项工作,坚决不触碰保密"红线"。

3. 要踏实落实

国家颁布的《标准》虽然严格,但没有一条是多余的。《标准》的每一个字都凝结着深刻的历史教训和丰富的经验总结,在执行层面上不能含糊和敷衍。具体说就是要将保密要求落实到日常工作的每一张管理表格上,落实到每一项工作流程中。保密资格是一套管理体系,首先管理层要严格落实单位制定的工作制度,并及时搜集各级部门的意见反馈,及时调整工作布置和办法、流程,确保单位的制度规定可落实、可操作、可执行,而不是仅仅写在纸上、挂在墙上、说在嘴上。这些都是在申请保密资格之前就要做好的思想准备,否则申请保密资格的过程会磕磕绊绊,即使勉强获得保密资格,在之后工作中也会遇到重重阻碍,各项工作会寸步难行。

二、要做好组织机构的准备

组织机构应该包括两方面的内容:一方面是保密工作的组织机构要健全,另一方面是业务工作中落实保密工作的岗位要完备。申请单位在没有执行军工科研生产任务之前,往往对保密工作认识不深刻,会认为保密工作应该是保密办公室的工作,也有一些领导会认为只要把保密工作机构建立完善了就能够把单位的保密工作管好了。这些都是对保密工作不了解,没有认识到保密工作和业务工作的紧密关系,没有认识到"业务工作谁主管,保密工作谁负责"的原则。

(一)单位保密组织架构的设置

1. 保密工作领导机构——保密委员会

保密委员会是单位领导保密工作的组织机构,受单位党委的直接领导,这是申请保密资格的首要条件。保密委员会作为单位保密工作领导机构,应当有明确的职责并制定工作规则。保密委员会的组成人员应当精干、高效,保密委员会主任由单位法人代表或主要负责人担任,成员应由单位其他负责人和综合协调、科研、生产、计划、组织人事、宣传、外事、财务、信息化、保密和保卫等内设部门的负责人组成;保密委员会应当有明确的职责分工和工作规则。保密委员会实行例会制度,每年不少于1次。保密委员会内部实行委员分工负责制,负责处理保密委员会的日常工作。保密委员会要对单位的保密工作进行研究、部署和总结,及时解决保密工作中的重要问题。一级保密资格单位应当设立专职保密总监,职级应当高于内设二级部门机构的正职,纳入单位编制序列,作为保密委员会专职委员,在保密委员会领导下,协助保密委员会主任组织开展单位保密工作。

2. 保密工作管理机构——保密办公室

保密委员会下设办公室,负责处理保密委员会的日常工作。建议申请二级保密资格的单位在保密委员会下设独立的办公室。很多申请二级保密资格的单位将保密办公室挂靠在党政部或者科研管理部,这种做法虽然并不违反《标准》的要求,但在工作实践中经常会出现专人不能专用的情况,影响保密管理工作的落实效果。

设置了保密办公室不等于万事大吉了。一些单位对于保密办公室职能的认识并不准确。尤其是新申请保密资格的单位,往往会认为一切和保密相关的工作都由保密办公室来完成,完全忽略了归口管理。保密办公室的主要职责应该是组织建立单位的保密工作管理体系,指导业务部门建立保密工作管理流程,并对实际的执行情况进行监督、检查。

(二)二级部门保密架构的设置

1.归口部门的保密管理组织架构

2016年国家颁布的《标准》中明确提出了归口管理的要求。这个要求意味着归口部门不仅要承担起本部门的涉密工作的管理责任,更要承担起业务线上的保密工作的管理责任。

需要强调的是,保密工作的归口部门未必是涉密部门,如单位的资产管理部和财务部,这些部门往往并不掌握单位的核心涉密内容,掌握的仅仅是台账、经费等非核心的信息。在现实工作中,有的单位会混淆归口部门与涉密部门的概念,以本部门没有涉密工作为由推卸归口管理责任。申请单位如果存在归口责任不清晰、工作责任落实不到位的情况,会严重影响保密资格的审查进展,甚至可能在现场审查中被中止审查。事实上,如果侥幸通过了现场审查,归口责任不落实同样遗患无穷,被取消保密资格还是小事,将国家秘密置于失控的危险境地才是最危险的后果。

在组织架构上,归口部门并不需要一定在内部设定一个或几个专门的保密管理岗位,但是相应的管理岗位一定要有明确的保密工作职责,将保密工作内容设计成岗位职责的一部分。

2.涉密部门的保密管理组织架构

涉密部门应设置保密工作领导小组,由部门的内设机构负责人组成,如果部门业务中包含军工科研生产内容,保密工作领导小组中还应包括科研课题组的负责人和生产班组的负责人。部门保密工作领导小组的主要职责就是根据单位的保密工作要求,全面落实本部门的保密工作,组织业务工作负责人合理划分保密工作职责,将保密职责优化整合在业务流程中,保障单位的保密要求在本部门落实、落地。保密工作领导小组还应当定期对本部门的保密责任落实情况进行检查,及时发现问题,属于落实不力的问题要及时整改,属于制度设计不合理的问题要及时向单位保密委员会反馈,以利于整个保密工作的顺利开展,确保保密工作体系持续完善。

需要强调的是,部门保密工作领导小组是单位保密管理体系中承上启下的重要环节,决定了单位领导的工作思路能否得到正确的实施,决定了单位保密政策能否得到有效的贯彻执行。单位层面要加强对部门的监督与考核,部门层面要确实承担起单位的保密工作主体责任。部门层面是否承担起保密责任的重要体现就是部门内部的责任制是否清晰明确,从中层领导干部到项目负责人、班组负责人、具体从事科研生产的工作人员,每个人的工作内容是否简单明了、没有歧义,并且责任制是否落实到位。

一些申请单位除涉密部门之外,还设立了一些相对独立的二级单位,例如,高校会根据学科分布情况建立若干个学院,而科研院所会根据主攻的科研方向设立若干个分所等。学院在管理架构上其实就是规模小一些的学校,分所在管理架构上就是规模小一些的科研院所。对于类似学院和分所这样的二级部门来说,保密工作领导小组的职责与上一级保密委员会的职责几乎是一致的,只有具体工作范围和规模的区别,本质上的工作要求并无太多不同。同时,与上一级保密委员会职能相比较,独立二级部门的保密工作领导小组又承担了更多的落实具体工作的要求,从这一角度来说,其工作更加繁重,任务更加艰巨,压力也更加巨大。这些相对独立的二级院所下属的科研项目组、生产班组是军工科研生产单位真正产生国家秘密的地方,一个单位的军工科研生产的保密核心和要害部位一般都设置在这里。单位的科研项目组或生产班组应当建立保密工作小组,负责指导、培训、监督、考核每一位从事科研、生产的涉密人员的具体工作行为,并将所做各项保密相关工作严格记录在案。

单位的科研项目组或生产班组是一个单位保密管理的重点。总的来说,一个涉密的军工科研生产单位的基本保密管理架构应当至少包括如图 1.3 所示的几个方面,并且还需要根据单位的具体情况填补相应的管理层级。

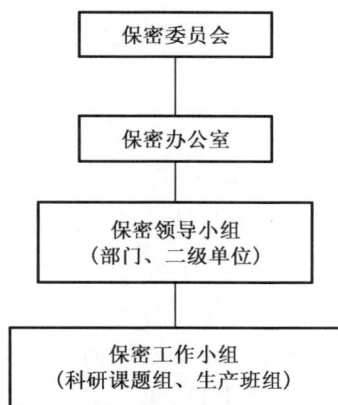

图 1.3　军工科研生产单位的基本保密管理架构

3.其他部门的保密管理组织架构

一个单位申请保密资格的时候,非常容易出现"冷热不均"的情况,即一部分与军工科研生产关系密切的部门和涉密人员在忙碌,另一部分与科研生产不直接相关的部门和非涉密人员却很悠闲,认为申请保密资格与自己没有关系。这种现象在规模较小的军工科研生产企事业单位中比较常见。这种情况的存在,归根结底还是单位领导层对申请保密资格的目的和意义认识不清晰、不准确,领导层本身对保密知识的学习就不够,在单位内部开展保密宣传、教育、培训也不够,因此从上到下对于保密工作的认识都存在一定的偏差。其中最重要的一个错误认识就是,保密工作仅仅与涉密人员有关。因此,有必要对保密、保密工作和涉密工作进行一下简单的辨析。

保密是指国家、公民、法人或社会组织对关系自身安全和利益,公开后会对自身利益造成损害的秘密信息,控制其知悉范围,对其采取保护措施,保障其安全的一种保护行为。军工科研生产单位所说的保密是指保守国家秘密。

保密工作是指一个单位为保守国家秘密而进行的工作,可以理解为两个方面:一个方面是直接知悉、处理、使用秘密信息;另一个方面是围绕知悉范围管控开展的工作,如建章立制工作、秘密信息运送传递的护送工作等,这些工作围绕秘密信息开展,但并未接触到秘密信息本身,所以工作并不一定是需要保密的。

涉密工作是保密工作中前一项工作,即直接知悉、处理、使用关系国家安全和利益的信息的工作,可以理解为涉密工作中保密工作的一部分。保密工作不一定是涉密工作,但涉密工作一定是保密工作。

因此,保密工作不仅仅是涉密人员的事,也不仅仅是保密机构的事,而是单位所有人的事,所以单位的非涉密部门同样要承担单位的保密责任和义务,同样要有一级组织负责部门保密工作的管理。建议非涉密部门也设置保密工作领导小组,负责制定部门的基本保密规章制度,开展保密宣传教育工作,营造单位的保密文化氛围,按照上级的要求开展部门内部的保密自查、自评。非涉密部门并不是真的不涉密,一般是涉密内容不多,程度不深,范围不广。保密资格针对的是单位的所有部门,保密体系要横向到边,纵向到底,不留死角。非涉密部门除设置保密工作领导小组之外,还应该视具体情况确定兼职的保密管理人员,负责部门临时接触的涉密资料的管理,建立必要的工作档案。

三、要做好制度建设的准备

制度建设是单位保密管理工作的重要环节,是保密管理思想和措施的集中规范化的体现。一个单位要申请保密资格,必须要建立起完整的制度体系。一个单位的保密制度应包含这样几个层次:第一个层次是单位的顶层保密制度,其对单位整体的保密工作进行规范;第二个层次是业务制度和专项制度,它们是归口部门根据单位的顶层保密制度,将保密要求融入单位的业务管理规程中,在业务工作落实的同时同步达到保密工作的要求,一些重大的军工科研生产项目要制定专项保密制度;第三个层次是部门保密管理制度,它主要是将顶层保密制度和归口部门的业务制度要求落实到部门的岗位中,对具体工作的流程进行细化,一些比较重要的军工科研生产项目要在单位内部制定专门的管理制度。

(一)单位的顶层保密制度

单位的顶层保密制度是一个单位保密工作正常运转的基础,一般是由单位的保密管理机构牵头制定,广泛征求意见后实施,主要包括如下一些基本制度。

1.单位的保密管理总章程

单位的保密管理总章程应当规定本单位的保密工作体制、方针、原则,规定本单位的保密范围、保密管理组织机构的构成和基本职责、保密体系的基本要求、条件保障措施、基本工作思路等。

2.单位的保密责任制

单位的保密责任制是保密制度的核心,决定了一个单位的保密工作能够开展的深度,决定了工作能够完成的程度。责任制规定中应明确单位从各级领导到普通员工的保密责任、明确保密工作机构的责任、明确归口部门的责任,还应明确责任考核的具体实施办法,从顶层开始将保密责任与业务责任绑定在一起,将"五同时"要求在责任中加以明确。

3. 定密管理办法

定密工作是保密工作的灵魂,是一切保密工作的先导,定密准确才会有后面对保密事项的精准管控;定密不准确,一切保密工作都是盲目的、无用的,甚至是有害的。定密的重要性怎么强调都不过分。单位的定密管理办法中应当明确单位定密工作的责任单位、明确定密责任人的职责范围、确定定密的基本流程等。

4. 国家秘密载体和密品管理办法

保密工作的本质就是保证秘密信息在知悉范围内流转。载体和密品都承载着秘密信息。保密工作归根结底就是要保护好载体和密品的安全。载体和密品安全的体现就是"可控"。如果出现失控的情况,就无法保证秘密信息在知悉范围内流转,这就是泄密。载体和密品的管理办法中应当对载体和密品的产生、标志、收发传递、使用、复制、保存、维修、销毁等全生命周期管控提出要求。

5. 保密要害部门、部位管理办法

要害部门是指单位内部业务工作中产生、使用、传递或者管理绝密级,或者大量机密级、秘密级国家秘密的内设机构;保密要害部位是指单位内部集中制作、存储、保管国家秘密载体的专用、独立、固定的场所,或机密级以上国家秘密的研制、生产、试验场所。按照"保核心、保重点"的保密管理思想,保密要害部门、部位是单位保密管理工作的重点。保密要害部门、部位管理办法中应当体现出要害部门、部位的管理、建设要求。

6. 涉密人员管理实施细则

涉密人员是特殊类型的涉密载体,他们性格各异,活动自由,极难管控,因此涉密人员管理是保密管理的难点。国家颁布了涉密人员管理的统一要求,单位要根据本单位的实际情况将涉密人员的管理落实、落细,其中涉密人员的审查、日常管理、脱密期管理等应当流程清晰,防止流于形式。

7. 涉密信息设备、信息系统管理办法

当今信息系统已经成为最主要的失泄密渠道。因此,从事军工科研生产的单位必须严格管理信息设备和信息系统。在现实工作中存在着保密技术防护手段滞后于信息化发展速度的难题,需要单位采用必要的管理手段弥补。

8. 涉密活动管理办法

涉密活动包括涉密的会议、试验、学术交流、访谈、出版、宣传等很多内容,要在管理办法中明确主管部门的组织责任,规定工作流程和基本要求,如活动中涉及的载体、设备、场所、人员进行预告的检查登记,活动开展前要有应急处理预案,必要时还要事先进行演练等。

9. 失泄密事件查处办法

失泄密事件查处是单位保密工作的底线被突破的补救环节,一方面是要将失泄密损失降到最小,另一方面是亡羊补牢,堵塞体系、流程中的漏洞。一般来说,一旦出现了失泄密事件,一定伴随着人员的责任不落实的行为。失泄密事件查处办法中要将查处流程制定清晰,程序触发条件和响应程序都应简练、清晰、快捷,查处过程应依法依规,涉嫌犯罪的就移交司法机关处理。

以上 9 条是建立单位保密管理体系最基本的几类制度,各单位根据实际情况可以在此基础上扩展细化。例如,有的单位从责任制规定中抽出了检查、考核、奖励的部分加以细化,形成保密检查、考核和奖励办法;有的单位在涉密人员管理实施细则中对人员培训单独拟定专门的管理办法等。这种做法,一方面使制度更加贴近单位的实际,更加具有可操作性;另一方面也防止某些管理制度涉及层次过多,结构过于复杂,而出现逻辑矛盾等问题,便于实操层面的灵活调整和修订。

(二)业务制度和专项制度

业务制度和专项制度一般应由负责归口管理的业务主管部门在单位保密工作机构的指导下制定,制度中应将保密要求作为业务工作的一部分提出。业务制度应围绕工作流程制定,开展质量体系管理的单位应当将保密工作融入体系文件中。

需要强调的是,不主张一个单位出台涉密和非涉密两套管理流程。出台两套管理流程,一方面提高了管理成本;另一方面,很多实践证明,出台专门的涉密业务制度容易造成涉密工作与业务工作的"两张皮"现象,容易造成工作中的职责交叉、责任不清,出现规避责任的推诿、扯皮现象。理论上所有的业务制度都应包含保密要求的内容,但实际工作中因涉密程度有差距,单位并不需要非常教条地要求所有业务制度中都提出保密要求。一般情况下,与保密工作紧密相关的业务制度和专项制度主要有以下几项。

1. 科研生产管理制度

对于军工科研生产单位来说,科研生产中涉及的保密内容除了基础研究外,还有装备部队的型号任务或配套任务,直接关系到国家安全,因此是单位保密工作的重中之重。科研生产制度一般应包括职责分工,项目规划、策划阶段管理,论证立项过程管理,项目执行过程管理,结题验收等过程的管理要求。执行过程最为复杂,科研项目涉及试验及外场试验管理、采购管理等多个环节,生产项目涉及工艺设计、原材料调拨、产品存储、出厂运输等环节。某个工作环节接触到秘密事项,就要在这个环节上做出相应的管理要求。另外,根据单位的性质不同,科技交流的保密要求也可以在科研生产管理制度中提出。

2. 文件流转制度

文件流转制度对于政府机关来说比较简单,主要包括机要文件、上级下达的文件、单位自己产生的文件、生产设计图纸等各种介质形式的文件,需要加以必要管控的文件应当有严密的流程和清晰的职责,由固定的人员进行管理。文件流转制度虽然简单,但对于保密资格单位来说必不可少。

3. 专项管理制度

专项管理制度是指单位业务主管部门针对重大涉密工程或者项目、外场试验等制定的专门保密管理措施。其要求是应当按照专项任务的特点和要求,做到密级划分清楚、责任明确、措施具体。专项管理制度是根据重大涉密工程或项目的特点,为重大涉密工程或者项目密级、立项、研制、试验、结题以及参研人员管理等全过程提出的保密管理要求。有一些专项管理制度是根据甲方单位或者项目总承包单位的有关要求制定的。在专项制度的制定和执行全过程中,单位的保密工作机构应当进行指导和监督。

4. 规划、资产、基建、财务等管理制度

正常情况下,单位的涉密工作应该在执行前期的规划、计划阶段进行分解,相关工作流转到资产、基建、财务等部门应当是经过无密化处理之后的信息。这个分解消除秘密信息的过程应当从规划、计划工作开始就体现在相应的管理制度之中,明确相关流程和人员的责任。实际工作中如果遇到复杂情况,并不能在规划、计划阶段完全将秘密信息进行有效处理,相关的工作就要按照保密要求严格控制知悉范围,需要在相应的管理制度中详细列出涉密的资产管理、基本建设、财务管理等流程和责任,在相关部门中设置涉密的管理岗位,配备涉密人员从事相应的工作。

5. 新闻宣传管理制度

新闻宣传工作包括新闻报道、编辑出版(论文、著作、专利等)、展览展示、参观采访,以及在网站和其他媒体发布的信息。近些年自媒体发展迅速,很多单位设置了"两微一端"的自媒体宣传平台,这些都应当纳入单位的对外宣传管理,其核心内容就是要先审查后宣传。

6. 涉外活动管理制度

一般意义上的涉外活动包括单位以各种方式与境外组织、机构和人员的交往活动,如参加在国境内、外举行的,有境外机构、组织、人员参与的科学技术开发、讲学、进修、培训、学术会议、文献资料交换、考察、谈判、合作研究、合作设计、合作调查、合作经营、展览和咨询等活动。涉外活动管理的主要思想就是要管好自己的人和设计好外籍人员的行程路线,未经审批不得进入保密要害部门、部位。开展涉外活动之前要制定活动预案,详细列出人员及负责的工作事项。活动预案要事先对工作人员进行培训,遇到重大活动或其他必要情况下还要进行事先的演练。

7. 其他业务制度

从事军工科研生产的单位性质千差万别,按照国家的相关战略布局会有更多不同所有制形式的企事业进入军工行业,它们的情况与国有企业有较大的差别。例如,从事军工科研生产的高校会有研究生的管理;合资企业会有外籍人员的管理等,这些特殊情况都应根据实际制定相应的管理制度。其基本思路就是防止知悉范围的扩大,保障秘密信息在知悉范围内流转。

(三)部门保密管理制度

部门保密管理制度也可以称为二级制度,与业务制度的区别在于,业务制度是规范、约束单位所有部门的制度,部门保密管理制度是规范、约束本部门内部的制度。一般情况下,部门保密管理制度不需要和单位的基本保密制度重合,只需要梳理清楚本部门的业务工作,明确各项工作的职责即可。

四、要做好条件保障的准备

做好保密工作,其根本目标是让涉密信息在知悉范围内流转,其中除定密环节之外,其余的工作就是设定涉密信息的边界,然后制定各种措施保障涉密信息不要突破边界。深入分析就可以知道,在现实中,这些边界无非时间和空间两个界限。时间就是国家秘密的保密期限,空间就是涉密载体或密品的存放地点和运转路径。所以,总结起来,保密管理应该是在国家秘密的保密期限内做好空间上的防护。防护的措施和手段一般就是做好人防、物防、技防。

新形势下,保密与窃密斗争愈来愈带有高科技抗衡的特点,保密要求更高、难度更大,要有效保护秘密信息的安全,必须构建人防、物防、技防并重的综合防护体系。人防,是指依靠人的保密意识、觉悟和能力建立起来的保密防护。建立保密综合防范体系关键是人,要注重提升人的保密素质和能力,特别是单位的领导、涉密人员和保密要害部门、部位的管理者,从思想上懂得保密是一种政治责任,从观念上知道保密是一种道德规范,从行为方式上养成一种保密行为习惯。加强人防,关键是要健全、完善和落实保密工作责任制,明确各方面人员的保密责任,加强责任落实的监督、检查和考核。物防,是指加大资源投入,为保密的秘密信息和相关的管理工作提供强有力的物质保障。申请保密资格的单位应结合实际,将保密物质保障经费列入本单位发展规划和年度财政预算计划,确保保密工作正常有序进行。技防,是指采用现代科学技术对秘密信息进行保护,防止涉密信息泄露或被窃取。涉密信息及其载体制作、传输、使用、销毁,必须配备符合国家保密标准的技术装备、设施。保密要害部门、部位,重要涉密场所,重要涉密会议活动,必须采取防泄密、反窃密技术措施,配备完善的保密技术防范装备等。

申请单位在决定提出保密资格申请之后,就应当立即着手开展单位的保密防护设施建设,在深入分析单位的涉密部门分布的前提下,按照"保核心、保重点"的思路,以保障安全为前提,有所侧重地布置好物防和技防设施。单位要把握一个基本思路,那就是核心要害部门、部位的防护,必须要舍得投入,能用技术手段加以防护的尽量使用技术手段防护,技防暂时不具备的,也应技防与人防相结合。相较于技防和物防手段,人防相对不确定性要更多,管理难度更大一些。一般的人防、物防、技防条件保障主要有:

人防:要害部位和重要场所24小时的门卫、警卫值班,定时的巡查、巡检,室外巡逻等。

物防:保密物防要求比较简单,主要包括防盗门、防盗窗、密码文件柜等。

技防:主要包括门禁系统、防盗报警装置、视频监控系统、身份识别系统等。

第三节　部分工作样例

为便于读者借鉴,假设有某中型国有企业欲申请保密资格,此单位为一般的生产企业,机构设置比较完整,具有代表性。

一、单位保密管理章程样例

第一章　总则

第一条　为确保国家秘密安全,根据《中华人民共和国保守国家秘密法》及其实施条例、《×××一级保密资格标准》和有关规定,结合我公司实际制定本章程。

第二条　本章程适用于我公司全体员工。公司全体员工有责任和义务严格遵守保密法规,确保国家秘密安全,对违反保密法规,泄露、窃取、出卖和非法提供国家秘密的行为进行制止、举报和采取补救措施。

第三条　公司保密工作在公司党委的统一领导下,贯彻"积极防范、突出重点,既确保国家秘密安全,又便利信息资源合理利用"的方针,实行依法管理。

第四条　公司依法确定国家秘密事项范围,在上级机关领导下开展定密工作。

第五条　公司保密工作执行"业务工作谁主管,保密工作谁负责"和"归口管理,分级负责"的原则,各级领导对职责范围内的保密工作负有领导责任。

第六条　公司将保密工作纳入员工的年度考核。

第七条　公司各业务单位要建立健全保密管理制度,完善保密防护措施,落实保密工作经费,开展保密宣传教育,加强保密检查。

第二章　保密范围

第八条　公司保密范围:

(一)党和国家的秘密事项;

(二)国防科技行业预研项目、科研生产计划、技术报告、文件资料等;

(三)国家型号项目试验模型、试验计划、试验技术、试验报告及软件的秘密事项;

(四)涉密项目的合同与标的;

(五)组织、干部、人事、信访、保卫方面的秘密事项;

(六)国际合作交流、涉外活动方面的秘密事项;

(七)财务年度预算计划、基本建设重要投资方面的秘密事项;

(八)公司独有的科学技术、专利、实验技术与工艺技术、发明方面的秘密事项;

(九)重要的经济信息和商务合同;

(十)各类涉密档案;

(十一)其他不宜公开的重要事项。

第三章　保密工作组织机构

第九条　保密工作领导机构:

(一)公司成立保密委员会,在公司党委领导下主管公司保密工作;

(二)公司保密委员会下设定密工作组、保密技术工作组以及保密办公室;

(三)各分公司成立保密分委员会,其他部门设立保密领导小组;

(四)生产车间、要害部位设立保密工作小组。

第十条　各级领导机构依照《A公司保密责任制规定》履行保密工作职责。

第十一条　公司保密委员会组成:

主任:公司党委书记;

副主任:总经理,分管宣传、科技、人事、安全保卫、保密、党政、信息化等工作的公司领导;

委员:各重要涉密单位的保密分委员会主任、保密领导小组组长,相关职能部门负责人,保密办公室主任。

第十二条　保密委员会下设工作组,组成如下:

(一)定密工作组由分管科技工作的领导和科学技术研究部、发展规划部、党政部、保密办公室负责人及有关专家组成;定密工作组下设办公室,挂靠在科学技术部;

（二）保密技术工作组由分管信息化工作的领导和信息化部、国有资产管理部、安全保卫部、保密办公室负责人及有关专家组成。

第十三条　保密工作机构：

公司设立保密工作机构，与保密办公室合署办公。保密工作机构设立若干专职保密工作岗位，包括部长、副部长、技术管理办公室负责人、专职档案管理员和综合管理办公室负责人，具体岗位数以符合国家有关规定要求并满足实际工作需要为准。

第十四条　各院系的保密分委员会主任由分党委（党总支）书记担任，其他部门的保密领导小组组长由主要负责人担任。各保密分委员会、保密领导小组成员由各单位相关人员组成，并设至少1名兼职或专职保密员。

第十五条　各研究所（项目组）、要害部位保密工作小组由负责人担任组长，设至少1名兼职或专职保密员。

第十六条　公司建立由各级专、兼职保密员，管理人员组成的培训和检查队伍。

第四章　保密制度

第十七条　公司依据国家有关法律法规、文件等制定公司保密基本制度，包括保密责任（含归口管理责任）、定密工作、涉密人员、保密教育培训、国家秘密载体、密品、保密要害部门和部位、信息系统、信息设备和存储设备、新闻宣传、涉密会议、协作配套、涉外活动、外场试验、保密检查与责任追究、泄密事件报告和查处、考核与奖励等方面具体保密管理制度，与本规定共同构成公司保密基本制度体系。

第十八条　承担重大涉密工程或专项的单位要制定专项保密制度。

第十九条　各业务机关要将保密管理要求融入业务制度中并组织落实。

第五章　保密经费

第二十条　保密工作经费分为保密管理工作经费和专项保密工作经费。

第二十一条　保密管理工作经费由公司保密工作机构管理使用，单独列入年度财务预算，主要用于保密教育培训、调研、咨询、宣传、项目评审等。

第二十二条　专项保密工作经费按实际需要予以保障，单独列入年度财务预算，主要用于购置技术检查工具、配备保密防护设施和设备等。

第二十三条　保密经费支出原则：公司负责机关和直属单位的经费支出，各院系负责本院系机关的经费支出，涉密研究所（项目组）负责本研究所（项目组）的经费支出。

第二十四条　保密补贴按照《A公司涉密人员管理实施细则》进行发放。

第二十五条　涉及保密要害部门、部位的工程项目建设，保密防护设施所需经费要与基本建设同步落实。

第六章　保密工作档案

第二十六条　保密工作档案是各级单位开展保密工作的凭证，要能够真实、全面反映保密工作开展情况。

第二十七条　公司保密办公室负责建立公司保密工作档案；各部门负责建立本单位的保密工作档案；各研究所（项目组）对保密工作开展情况有文字记载。

第七章　监督与保障

第二十八条　公司各部门、各研究所(项目组)均应按要求开展保密检查。

第二十九条　各单位应根据检查情况对保密风险进行分析,提出整改措施并督促落实。

第三十条　保密工作成绩显著的各级单位和个人,由公司保密委员会给予奖励。

第三十一条　出现保密违纪、违规的,视情况给予经济处罚,给予通报批评直至行政处分,并追究相关领导责任。

第三十二条　遗失、泄露国家秘密的,除视情节给予经济处罚外,给予通报批评、行政处分,直至移送司法机关追究刑事责任。

第八章　附则

第三十三条　本规定由公司保密工作机构负责解释。

第三十四条　本规定自××月××日起施行,《A公司保密管理规定》(公司密字〔××××〕××号)同时废止。

二、单位保密责任制规定样例

第一章　总则

第一条　为确保国家秘密安全,落实公司保密工作责任,根据《中华人民共和国保守国家秘密法》《×××一级保密资格标准》等法规要求,贯彻落实中央关于《党政领导干部保密工作责任制规定》,并结合公司实际情况制定本规定。

第二条　公司保密工作按照"业务工作谁主管,保密工作谁负责"和"归口管理,分级负责"的原则,实行保密工作责任制。

第三条　公司实施总公司、业务部门、分厂三级责任制管理体系,各管理职能部门承担主管业务范围内保密工作管理责任。

第四条　公司全体员工都有保守国家秘密的责任和义务,须遵守国家和公司的保密法律法规和制度,承担与自身工作、学习相关的保密责任。

第二章　保密责任

第五条　公司各级领导保密责任制,内容如下:

(一)公司党委书记负责全面领导公司保密工作,职责如下:

1.公司党委书记是公司保密工作第一责任人,担任公司保密委员会主任,负责领导公司保密工作;

2.保证国家有关保密工作的方针、政策与法律法规在公司的贯彻执行,提出保密工作要求;

3.负责监督、检查各级管理干部保密责任制的落实。

(二)总经理保密工作职责,内容如下:

1.总经理(法定代表人)是公司科研生产保密工作的第一责任人,在公司党委领导下负责全面落实各项保密要求;

2.保证党和国家有关保密工作的方针、政策和法律法规的贯彻执行;

3. 定期听取保密工作情况汇报,全面了解保密工作情况,解决保密工作重大问题;

4. 担任公司定密责任人,负责公司定密工作;

5. 为保密工作提供必要的人力、物力、财力等条件保障;

6. 监督、检查保密责任制落实。

(三)分管保密工作的公司领导对公司保密工作负具体领导责任,职责如下:

1. 及时研究和部署保密工作;

2. 对保密工作落实情况组织监督检查;

3. 受法定定密责任人授权行使定密权,领导定密工作组工作;

4. 协调解决保密工作存在的问题;

5. 为保密机构履行职责提供保障。

(四)其他公司领导对分管工作范围内的保密工作负直接领导责任,职责如下:

1. 将保密管理要求融入分管业务工作,保证保密管理措施落实到位;

2. 组织制定分管业务范围内的保密管理制度和措施,并督促检查落实;

3. 在分管范围内,为保密工作的开展提供保障。

第六条　各部门领导保密责任制内容如下:

(一)各部门负责人是本部门保密工作第一责任人,担任保密领导小组组长,全面负责本部门和业务范围内的保密工作,职责如下:

1. 明确本部门岗位职责,按照工作需要控制国家秘密的知悉范围;

2. 掌握主管业务范围内和本部门的保密工作情况;

3. 将保密管理要求融入业务工作制度中;

4. 采取具体措施组织落实公司保密工作部署;

5. 开展日常保密教育和监督检查;

6. 负责查补本部门保密工作隐患,协助上级保密工作机构进行失泄密事件查处。

(二)各分公司党总支书记是本分公司保密工作第一责任人,领导本分公司开展保密工作,职责如下:

1. 担任分公司分委员会主任,负责全面落实保密分委员会职责;

2. 保证有关保密法规和制度在本分公司贯彻执行,提出本分公司的保密工作要求;

3. 开展日常保密教育和监督检查;

4. 对本分公司保密相关工作进行审查审批;

5. 协助上级保密工作机构查处失泄密事件。

(三)各分公司领导是分公司科研生产保密工作第一责任人,对本分公司保密工作的具体落实负有领导责任,职责如下:

1. 掌握本分公司的保密工作情况;

2. 组织落实保密工作责任,组织考核本单位保密工作;

3. 为保密工作提供必要的保障。

(四)各部门分管业务的副部长,各分公司分管业务的副经理对分管业务内保密工作负直接领导责任,具体职责如下:

1. 掌握分管业务范围内的保密工作情况;

2.负责落实业务范围内各项保密工作的具体措施;

3.负责对业务范围内保密工作进行检查,并对发现的问题及时落实整改。

第七条　承担涉密项目的课题组(项目组)负责人和保密要害部门、部位负责人对本单位的保密工作负有直接领导责任,职责如下:

(一)全面掌握本单位的保密工作情况,负责涉密项目的全生命周期保密管理;

(二)承担本单位定密责任人职责;

(三)依据论证项目背景及合同密级进行项目的保密管理;

(四)结合实际,制定并执行具体的保密管理细则和防范措施;

(五)组织建立健全岗位责任制,把保密责任落实到人;

(六)落实对要害部门、部位的"三防"措施建设和日常管理;

(七)定期组织保密教育培训,使所属工作人员增强保密意识,掌握必备的保密知识和技能;

(八)对所属工作人员辞职、调动、因私出国(境)申请提出审查意见;

(九)对所属工作人员执行保密制度、遵守保密纪律的情况进行监督、检查、考核;

(十)负责对所属工作人员使用的计算机及信息系统、存储介质、涉密载体的保密管理;

(十一)负责管理本单位的涉密复印场所,并严格遵守秘密载体的制作和复制规定,登记造册,对于涉密实验的保密工作方案要做好保密防范的工作;

(十二)负责对参与工作的外来人员进行管理;

(十三)对重大涉密活动、涉密会议、外聘人员进行严格管理,对其所接触的涉密内容进行处理;

(十四)负责密品设备采购、外携加工、维修、运输的保密管理;

(十五)负责对本单位新闻宣传、涉外活动、发表论文、网上信息发布的审查;

(十六)定期对保密环境、涉密载体和防护设施进行检查,及时消除泄密隐患;

(十七)对保密措施落实情况进行监督检查,落实整改;

(十八)完成本单位保密分委员会交办的其他工作。

第八条　各级专、兼职保密员负责具体落实公司和本部门各项保密规定,职责如下:

(一)明确本岗位的岗位职责并认真履行;

(二)负责涉密载体的收发、阅办、传递和清退工作;

(三)负责组织做好本部门保密材料的形成、积累、立卷、归档工作;

(四)经常开展保密检查,发现隐患及时向保密领导小组报告并组织整改;

(五)协助部门领导落实对涉密人员的管理和教育;

(六)负责对涉密计算机、涉密移动存储介质、涉密设备等保密事项的管理;

(七)总结保密工作经验,对公司和本处级单位、本部门保密工作提出改进建议;

(八)及时完成领导交办的保密工作事项。

第九条　涉密人员对本职岗位保密工作负直接责任:

(一)遵守公司保密管理制度,明确本岗位保密责任并认真履行本岗位职责;

(二)按要求参加保密教育培训,掌握基本的保密知识、工作技能和管理要求;

(三)公司和部门按要求落实保密自检自查,及时整改;

（四）及时报告泄密隐患，制止违法违规行为。

第三章　保密组织机构职责

第十条　公司各级保密组织机构职责，内容如下：

（一）公司保密委员会负责领导和指导公司的保密工作，职责如下：

1. 贯彻落实党和国家、上级管理部门的保密工作方针、政策及有关保密法律法规；

2. 研究部署公司保密工作，监督指导各部门保密工作；

3. 组织审定公司的保密规章制度，拟订年度保密工作计划；

4. 审查审批公司保密工作重要事项；

5. 组织检查公司保密工作开展情况并提出保密责任追究整改建议；

6. 查处失泄密案件。

（二）定密工作组职责：

1. 研究制定公司的《国家秘密事项范围目录》；

2. 研究确定各部门、各分公司、课题组（项目组）定密责任人；

3. 研究解决定密工作中不明事项。

（三）技术工作组职责：

1. 领导计算机及信息系统、信息设备和存储设备保密管理工作；

2. 领导保密要害部门、部位技术防护管理工作。

（四）保密办公室（保密工作机构）职责：

1. 组织落实保密委员会工作部署；

2. 组织制定保密基本制度，拟制年度保密工作计划，对落实保密工作提出意见、建议；

3. 监督指导各部门保密工作；

4. 组织确定和调整保密要害部门、部位；

5. 组织开展保密检查；

6. 组织查处违反保密法律法规的行为和泄密事件；

7. 提出保密责任追究和奖惩建议。

（五）各分公司保密分委员会、各部门保密领导小组对本单位保密工作负有直接领导责任，职责如下：

1. 与业务工作同步落实本单位保密责任制，将保密责任与岗位业绩考核挂钩；

2. 组织制定本单位具有操作性的保密管理细则、措施等；

3. 开展经常性的保密宣传教育，组织本单位保密教育培训；

4. 组织落实本单位涉密载体、涉密人员、保密要害部位、涉密计算机等保密工作事项的管理；

5. 在职能范围内对涉密会议、涉外活动、新闻宣传等事项进行保密审查或审批；

6. 指导、协调、监督、检查本单位的保密工作，及时落实保密整改，上报并协助保密处处理保密工作中的重大问题和泄密事件；

7. 完成公司保密委员会交办的其他工作。

（六）各要害部位、涉密课题组（项目组）保密工作小组的职责如下：

1. 在完成涉密项目过程中同步落实保密责任；

2.开展本单位人员的保密教育培训;

3.对所承担涉密项目进行密级分解,确定项目成员的保密责任,控制涉密内容的知悉范围;

4.对本单位涉密人员出国、发表论文、参加涉外活动等事项进行审查;

5.负责参加涉密科研活动的涉密学生管理,确保学生尽可能最小限度地接触到涉密信息;

6.负责落实涉密载体、涉密计算机及办公自动化设备的管理责任;

7.保密要害部位防护设施的建设与日常维护;

8.每月组织保密检查,及时整改;

9.负责完成公司、部门布置的其他工作。

第四章　主要归口部门职责

第十一条　公司各业务部门须做好自身业务中的各项保密工作,相关归口部门还须做好保障保密管理体系正常运行的支撑工作。

(一)党政部是公司公文保密的责任单位,负责全面落实公司涉密文件和重大政务活动的保密管理;

(二)党委宣传部归口管理新闻宣传保密工作,牵头组织新闻宣传稿件的保密审查;

(三)科学技术部是公司科研保密的责任单位、定密工作组的组长单位,负责全面落实涉密科研管理环节中的保密责任,根据职责编制科研项目的保密管理细则;

(四)人力资源部负责公司涉密人员及上岗、在岗、离岗管理相关工作,负责组织全体员工保密培训工作;

(五)国际交流与合作部负责因公出国(境)人员的保密审查、教育和管理,负责公司涉外活动的保密工作,负责外籍专家、教师、留学生的保密管理;

(六)发展规划部负责公司涉密发展规划、建设项目的保密工作;

(七)国有资产部负责涉密项目采购、涉密场所备案相关保密管理工作,配合做好信息系统、信息设备、存储设备和密品的台账建立与清查核对工作;

(八)安全保卫部负责公司涉密场所和保密要害部门、部位的安全保护,负责重大涉密活动、涉外活动的安全保卫工作,负责密品的运输押运工作;

(九)信息化部是公司网络信息保密安全的责任单位和保密技术工作组的组长单位,全面负责信息系统、信息设备和存储设备的安全保密管理;

(十)其他归口部门均应将保密要求融入本公司业务制度。

第五章　责任考核与追究

第十二条　保密责任制考核与年度考核同时进行。

第十三条　对于认真落实保密责任、在保密工作中有突出贡献的单位或个人,公司将予以表彰奖励。

第十四条　对违反本规定的责任人,视情节轻重,要予以通报批评,直至行政处分、经济处罚(从责任人岗位业绩津贴中扣除)。违反法律的移交司法机关追究法律责任。

第六章　附则

第十五条　本规定由公司保密工作机构负责解释。

第十六条　本规定自××月××日起施行,《A公司保密责任制规定》(公司密字〔××××〕××号)同时废止。

三、单位保密委员会工作规则样例

第一章　总则

第一条　为了保障公司保密委员会依法行使职权,根据《中华人民共和国保守国家秘密法》及其实施条例、《×××一级保密资格标准》的要求,结合本公司保密委员会工作实际制定本规则。

第二条　保密委员会审议议案、决定事项,应当充分发扬民主,实行民主集中制的原则,集体行使权力。

第三条　保密委员会实行例会制度,每年至少召开1次,如遇特殊情况可临时召集。如遇重要保密工作事项需要传达、布置、通报时,召开保密委员会扩大会议,扩大范围根据工作内容由委员会主任确定。

第二章　会议内容

第四条　保密委员会的会议内容包括:

(一)传达学习贯彻党和国家的保密工作方针、政策、法律法规;

(二)研究制定党和国家的保密工作方针、政策、法律法规在公司贯彻实施的措施;

(三)研究、部署、总结公司年度保密工作;

(四)研究制定、修改与废止公司保密工作规章制度;

(五)研究公司保密工作难点问题的解决措施;

(六)评选公司保密工作先进集体和先进个人;

(七)研究公司违规事件和违规人员的处理措施;

(八)确定、撤销保密要害部门、部位;

(九)其他重大决策事项。

第三章　会议程序

第五条　议题确定。

会议召开前由保密办公室做好会议议题征集准备工作,由保密委员会主任或副主任确定议题。保密办公室应在召开会议前将会议议题以书面材料报送参会人员,以便参会人员准备意见或建议。

第六条　会议召开。

会议必须有半数以上保密委员会委员出席方能召开。会议由保密委员会主任或副主任主持,按照民主集中制的原则,对拟研究决定的事项,与会委员发表意见。根据工作需要召开保密委员会扩大会议,扩大参加人员不参与议题表决。

第七条　议题结论。

会议实行一事一议制,对每个议题,与会人员要充分发表自己的意见。议题讨论结束后,会议主持人提出决策方案或决定意见,提请保密委员会委员表决。对讨论议定的问题,由会议主持人做出明确的结论,并征求委员意见,形成会议决定或决议。暂时无法做出结论的,应讨论提出解决问题的办法或建议。

第八条　会议记录。

会议应做好记录,会后由保密办公室根据会议记录编制会议纪要,经保密委员会主任审定后下发各委员及相关部门。

第四章　议事纪律

第九条　会议议事,必须按照少数服从多数的原则,由保密委员会委员进行表决。表决结果为应到委员半数以上通过方有效。表决结果当场宣布。

第十条　会议决议事项和谈论情况,未经授权,任何人不得以任何形式外传。

第五章　决定或决议的执行与反馈

第十一条　会议的决定和决议,应确定主要落实单位或牵头单位,明确办理期限。全体委员应按照各自分工认真组织落实,并将执行情况及时向保密委员会主任汇报。

第十二条　如果会议的决定或决议在执行过程中遇到较大困难或有关情况发生较大变化,经保密委员会主任、副主任同意后,可重新召开保密委员会再次进行研究讨论,形成新的决定或决议。

第六章　附则

第十三条　本规则由公司保密委员会审议通过,自下发之日起执行。

第二章　保密资格认定工作的具体
谋划、部署与落实

　　在完成前期谋划阶段的工作之后，便进入现场审查准备阶段，也是保密资格认定准备工作的攻坚阶段。对军工单位进行保密资格审查认定实质准备阶段可以从集体学习《标准》、分解工作任务、分工落实任务等工作入手。将本阶段工作称为"攻坚"阶段，主要是因为对刚刚开始从事军工科研生产的单位来说，其对保密和保密工作都缺乏了解及认识，甚至还有一些错误的认知。因此，军工单位开展保密资格现场审查的出发点应当是以保密资格为契机，对单位进行一次普及教育，让直接参与保密工作的人员掌握保密技能，让管理人员熟知保密要求，让全体员工了解保密底线，营造安全和谐的保密工作氛围，为开展军工科研生产工作创造良好的条件。

　　上一章讲到的认定前的准备可以理解为思想和决策层面的准备，本章内容可以理解为对开展保密工作的单位全员的组织和动员，是实际操作层面的工作内容。这一阶段部分单位很可能会有一些"应试"的思想，认为通过了现场审查、拿到了资格证书就万事大吉，因此不思考和解决业务中存在的深层次的问题，而是强制采取一些应急性的措施，以求表面的"光鲜亮丽"，而实际上却是保密工作机制运转艰难，无法长期、稳定、有效地运行，为单位的长远发展造成隐患。

第一节　准备保密资格现场审查需要经历的
工作阶段

　　保密资格审查是一个连续不断的工作过程，这期间很多工作都需要并行推进。为了方便说明，我们将工作分为启动、建设、审查三个阶段。现实工作中各个阶段并不能严格区分，而是想清楚一项工作就推进一项工作，而且每一项工作一旦开始，就没有终点，只要单位存在一天，相应的保密工作就要开展一天，即使单位不存在了，保密工作也必须做好善后。保密工作开始运转之后，单位的各个机构之间也需要不断磨合，相应的制度规定也要不断更新完善，实现保密工作的持续改进。

一、启动阶段

　　在单位的领导决定要申请保密资格那一刻起，单位就进入了保密资格认定的启动阶段。这一阶段的主要内容是熟悉、掌握《标准》的内容,逐步落实单位的工作布局。具体有四方面内容。

(一)建立保密资格认定工作专门队伍

初次申请保密资格的单位,保密工作的前期基础比较薄弱,需要建立起完善的保密工作体系之后才能迎接保密资格的现场审查。这个完整的体系设计完成之后需要单位内部所有的部门协同构建业务线上的工作流程,这是一个系统庞大的工程,需要各个部门协同落实业务流转过程中的各项工作要求,在各项业务自主开展之前,需要统一协调,同步推进。因此,单位应当组建一个由各个归口部门组成的临时性的机构,由保密办公室牵头协调组织,在短时间内将所需要的岗位责任、工作制度、业务流程进行优化改进,达到保密工作的要求。我们将这个临时性的专门机构称为保密认定工作办公室,简称"认定办"。成立专门队伍可以保证在比较短的时间内集中精力搭建工作框架,大幅度提高工作效率。对于保密工作基础比较薄弱的单位,在保密资格认定之前成立专门临时性机构全力攻坚的方法是比较实用有效的。

(二)分析研究本单位的实际情况

在推动各项工作之前,认定办的成员单位要在保密工作机构的带领下,共同研究、深刻分析本单位的科研生产现状,找到本单位要保密的核心内容是什么、保密等级有多高、分布在哪些部门、由哪些人经手管理和使用、需要的安全保密防护条件是什么等。这些研究、分析工作是开展后续认定工作的基础,保密体系建设、人员责任划分、制度流程设计等工作都要围绕着保护核心秘密这一根本宗旨开展。那种不问现实情况,单纯对照《标准》开展工作的思路是教条和脱离实际的。这个分析过程就是梳理出本单位真的需要重点保护的核心和重点事项,还要梳理出需要进行保护的一般和普通事项,并针对不同的事项采取不同的防护措施。整个保密工作要围绕着单位的核心业务开展。

(三)学习贯彻保密资格审查认定标准要求

保密工作机构要组织认定办成员单位认真研读《标准》,深入理解领会国家对于从事军工科研生产单位的保密工作要求,结合之前对单位核心保密事项的梳理,逐条对照《标准》要求制定落实措施。措施既要满足《标准》要求,又要符合申请单位的实际情况;既要保障秘密事项的安全,又要可执行、可操作,还要保证必要的工作效率。对于刚刚开始申请保密资格的单位来说,这个要求很难。我们将以 A 公司申请保密资质时具体布置工作为例,详细地列出对照《标准》开展保密资格认定工作的布置和安排,供读者参考。

二、建设阶段

在对本单位情况进行深入分析和对《标准》进行透彻领会的基础上,申请单位应着手开展人防、物防、技防措施的制定。工作内容比较多,在此列出主要内容,具体实施请参考本丛书的科研生产管理篇(《军工科研生产保密要素管理》)。

(1)人工防范、物理防范和技术防范措施的落实;

(2)保密制度及各种流程的落实与备案;

(3)保密环境的建设与办公资源的整合;

（4）保密档案的建立与填充；

（5）归口部门责任的落实与档案的建立；

（6）信息系统、信息设备和存储设备的保密防范措施落实；

（7）国家秘密事项范围细目的编制；

（8）涉密项目台账的建立；

（9）保密要害部门、部位台账的建立；

（10）各种设备设施台账的建立与检查；

（11）涉密人员台账的建立（有涉外背景的须提供安全部门出具的背景审查证明）、出国（境）证照的收缴；

（12）涉密载体台账的建立；

（13）密品台账的建立。

三、审查阶段

前期基础工作完成之后，进入实质性审查阶段，在这一阶段完成的是一些具体的事务性工作，本书将在后面以实例的形式进行详细介绍。

（1）申请书的填报；

（2）对照《评分标准》进行预审查；

（3）针对存在的不足和问题进行补充完善；

（4）编制现场审查汇报材料；

（5）审查组进行现场审查等。

第二节　《标准》的学习与工作布置

一、集体学习、讨论《标准》

集体学习、讨论《标准》是保密资格认定筹备工作中最重要的一个环节，应由认定办的全体人员共同参加，如果条件不允许，至少主要归口部门的工作人员应当参加。不同部门的工作人员对《标准》的理解会存在差异，保密工作机构需要把不同部门的人员组织起来共同学习、深入探讨《标准》内容，并结合单位的工作实际，商量出落实办法和措施，达到思想统一、整体推进、口径一致、不重复和不反复的高效准备的工作目标。

通过集体学习、讨论《标准》，保密工作机构的工作人员可以更加深入理解《标准》内涵，分析重点、难点，查找不足之处，分解工作任务，制订时间计划，将《评分标准》的每一项要求对应落实内容、操作方法、责任部门和完成时间。

保密工作机构的工作人员要花足够的时间共同商讨《标准》每一项要求的落实措施和难点问题的解决办法。通过反复研究、共同协商、及时请示，保密工作机构的工作人员能够对《标准》深入理解，在指导和布置工作时也能面面俱到。

全体学习《标准》，共同研究策划，做好顶层设计：共同学习，统一思想；领会精髓，统一口径；新旧对比，查找不足；确定重点，谋划对策。

表2.1为完整的某单位各部门保密资格认定任务分解表样例。

表2.1　某单位各部门保密资格认定任务分解表样例

项目		项目细则	工作内容		存档单位	责任单位
			具体操作			
保密责任	法定代表人或者主要负责人责任（13分）		保证党和国家有关保密工作方针政策和法律法规的贯彻执行			
		1. 年度内未对贯彻落实党和国家保密工作的方针政策和法律法规提出明确要求的，扣2分	1. 收集整理单位法人或主要负责人对上级相关文件、会议讲话等有关批示和要求（中央关于保密工作决策部署的文件，上级工作要点，工作计划，工作总结等；参加保密学习培训的相关记录		报送保密工作机构	党政部
		2. 未将保密管理纳入单位绩效考核的，扣2分	2. 单位年度工作要点、年鉴等计划，总结中要体现保密工作内容			
		3. 未将保密责任纳入年度考核的，扣2分	3. 单位法人或主要负责人年度述职中要体现保密责任			
		4. 年度内未对保密工作责任制落实情况进行督考核的，扣1分	4. 单位法人或主要负责人保密责任书；与分管单位领导签署保密责任书；与部门党政领导签署保密责任书			
			为保密工作提供支持和保障			
		5. 对本单位保密工作整体情况掌握不够的，扣2分	5. 掌握保密工作基础数据，保密重点，保密工作基本情况		报送保密工作机构	党政部、保密工作机构
		6. 未及时研究解决保密工作重要问题的，扣1分	6. 及时听取保密工作情况汇报，了解保密工作中存在的突出问题，重点问题和保密风险点，提出工作要求，有会议记录（领导办公会，保密委员会会议，专题会议等）支撑材料			
		7. 未按要求在人力、财力、物力上为保密工作提供条件保障的，扣3分	7. 能够体现单位领导在人力、财力、物力上为保密工作提供条件保障的书面材料（请示签批，会议记录，文件等）			涉密机关
	分管保密工作负责人责任（8分）		研究部署保密工作			
		8. 对本单位保密工作全面情况掌握不够的，扣2分	8. 掌握单位保密基础数据，保密重点，保密工作特色（保密工作重点难点，保密风险等）		报送保密工作机构	保密工作机构、党政部
		9. 未对落实保密工作提出明确意见和要求的，扣1分	9. 收集整理分管单位领导对保密工作的详细批示和明确意见（上级文件、会议讲话，对保密工作的部署等）			
		10. 未及时组织研究保密工作的重点、难点问题的，扣1分	10. 收集整理分管单位领导参加有关保密工作会议的记录材料（组织相关人员召开会议，研究解决保密工作的重点和难点问题等）			

表2.1(续1)

项目	项目细则	工作内容 具体操作	存档单位	责任单位
		监督检查保密工作落实情况		
	11.年度内未组织检查单位和部门负责人如何进行保密工作的,扣1分	11.收集整理分管保密工作负责人每年组织检查单位领导、涉密负责人履职情况的记录,有工作批示等支撑材料	报送保密工作机构	保密工作机构、党政部
	12.未对不履行保密责任的人员进行责任追究的,扣1分	12.收集整理分管保密工作负责人对检查发现违规问题的责任人做出相应处罚的相关文件等材料		
	13.对保密工作落实情况监督不够的,扣1分	13.收集整理历年年度工作要点、工作计划,上级要求和本单位部署的保密工作的执行情况等相关材料		
	14.对保密工作机构履行职责支持帮助和监督指导不够的,扣1分	14.收集整理有关会议(工作汇报、专题会议等)和请示审批材料		
其他责任人责任(8分)		研究落实分管业务范围内的保密工作		
	15.未组织将保密管理要求融入分管业务工作制度和流程中的,扣1分	15.收集整理工作制度和流程,体现保密管理要求与业务工作相结合	报送保密工作机构	涉密机关
	16.对分管业务范围内的保密工作职责不清楚的,扣1分	16.整理业务部门的保密工作职责材料提供给分管负责人,分管党政部单位领导审查清楚党政工作中国家秘密事项等		
	17.未及时研究解决分管业务范围内的保密工作重点、难点问题的,扣1分	17.收集整理分管领导对分管业务范围内的保密工作重点、难点问题研究部署的支撑材料(会议记录等)		
	18.未在分管业务工作中按照工作需要严格控制国家秘密知悉范围的,扣1分	18.收集整理能够体现分管领导在分管业务工作布置时严格控制知悉范围的支撑材料(文件签批、会议记录等)		
		监督检查保密工作落实情况		
	19.未组织对分管业务工作中的保密工作进行监督检查的,扣1分	19~20.收集整理对分管工作中的涉密单位进行保密检查和督促整改的支撑材料	报送保密工作机构	涉密机关
	20.未组织对分管业务工作中存在的保密管理问题督促整改的,扣1分			

表2.1(续2)

项目	项目细则	工作内容		责任单位
		具体操作	存档单位	
涉密部门责任人或者涉密项目责任人(10分)	21. 未对分管业务工作中的保密工作开展提供保障的,扣1分	21. 能够体现分管领导在分管业务中对保密工作开展提供保障的书面材料(安防建设、安防设备采购的人员配备等)		
	22. 对单位保密工作机构开展工作支持不够的,扣1分	22. 收集整理能够体现保密工作支持机构开展工作的书面材料		
	23. 对保密工作职责不清楚的,扣1分	掌握本部门或本项目的保密工作情况 23~25. 修订整理责任制分工文件;熟悉本单位或项目的保密工作;了解本单位各方面所做的工作;掌握保密基础数据、保密难点问题;掌握涉密岗位确定依据,涉密人员审查情况,出国(境)情况等	报送保密工作机构	涉密部门、涉密项目组
	24. 对部门或者项目的整体保密情况掌握不够的,扣1分			
	25. 对涉密人员基本情况掌握不够的,扣1分			
	26. 未将保密管理要求融入业务工作制度中的,扣1分	采取具体措施落实保密管理要求 26. 整理修订业务工作制度,体现保密工作与业务工作相结合		
	27. 对单位部署的保密工作落实不够的,扣1分	27. 收集整理落实保密工作的支撑材料(包括及时传达上级、保密委员会会议精神和工作指示,结合本单位实际提出落实措施的批示等)		
	28. 对专、兼职保密工作人员工作支持不够的,扣1分	28. 收集整理支持专、兼职保密工作人员工作的支撑材料(包括业务培训、业绩考核,工资待遇,工作量核算等)	报送涉密部门、涉密项目组	涉密部门、涉密项目组
	29. 季度内未安排保密教育的,扣1分	29. 收集整理每季度的保密教育支撑材料(包括教育培训内容、人员签到、考试试卷及笔记等)		
	30. 未按照工作需要控制国家秘密的知悉范围的,扣1分	30. 按照此样本管理(67~74条),涉密载体管理(101~102条)和信息系统管理(124条),做好涉密事项管控,涉密范围、涉密电子文档委签批、涉密项目定密,确定好知悉范围,要具体到人;涉密标志和知悉范围(详见此样本的124条)		

表 2.1(续3)

项目	项目细则	工作内容		责任单位
		具体操作	存档单位	
		监督检查保密工作落实情况		
	季度内未对保密措施落实情况进行检查的,扣1分	31. 收集整理每季度组织保密自检自查记录和每年度的自查自评表	报送涉密部门、涉密项目组	涉密部门、涉密项目组
	未对检查中发现的问题进行监督实整改的,扣1分	32. 收集整理整改记录,检查中发现的所有问题均要有整改,一时无法整改的要有情况说明		
		涉密人员履行职责		
涉密人员责任(6分)	33. 对本职岗位保密职责不清楚的,扣1分	33~34. 熟悉岗位业务中的保密事项,掌握本职岗位的保密职责、涉密人员保密承诺书内容)	—	涉密机关
	34. 对本职岗位中的保密事项不清楚的,扣1分			
	35. 对保密知识、技能和要求掌握不够的,扣1分	35~36. 学习保密知识和技能(学习资料包括《中华人民共和国保守国家秘密法》及其实施条例,《保密知识简明读本》《党政干部和涉密人员保密常识必知必读》《涉密人员考试题库》等),正确履行保密职责		
	36. 未履行本职岗位保密职责的,扣1分			
	37. 未及时报告泄密隐患,制止违法违规行为的,扣2分	37. 发现违规行为或发生泄密隐患要及时上报,保密工作机构或直接上报本部门领导,可上报本单位领导		
归口管理(16分)	38. 未根据业务工作实际,明确定密、外事宣传、涉密人员、信息化、新闻宣传等事项归口部门的,扣10分	38~40. 收集整理与保密工作相关文件的签批单,整理并修订部门职责、岗位职责,体现保密工作职责,制定或修订相关管理制度,收集整理能够体现业务与保密工作同步开展保密工作的相关材料	本部门并报送归口保密工作机构	归口部门
	39. 未明确归口部门职责的,扣3分			
	40. 归口部门未履行职责的,扣3分			

表2.1(续4)

项目		项目细则	工作内容		存档单位	责任单位
			具体操作			
保密组织机构	保密委员会（15分）	41. 保密委员会成员组成不符合要求的，扣2分	保密委员会组成及其职责	41~43. 单位保密工作档案中要有历届保密委员会成员及其分工等相关材料	报送保密工作机构	保密工作机构
		42. 保密委员会及其成员分工职责和分工不够明确的，扣2分				
		43. 未按要求设立保密总监的，扣1分				
		44. 年度内未召开工作例会的，扣2分	保密委员会履行职责	44~47. 保密工作档案中要有保密委员会会议签到、会议纪要等相关材料	报送保密工作机构	保密工作机构、党政部、保密委成员、保委成员单位
		45. 保密委员会成员未按分工履行职责的，扣2分				
		46. 年度内未对保密工作进行研究和部署的，扣2分				
		47. 未及时解决保密重要问题的，扣2分		48. 保密委员会成员每年要向保密委员会递交年度履职情况报告		
		48. 保密委员会成员年度内未向保密委员会报告履职情况的，扣2分				
	保密工作机构（30分）	49. 保密工作机构管理职责和权限不够明确的，扣2分	机构设置及履行职责	49~52. 保密工作档案中要有保密工作机构管理职责、履职情况，保密工作计划、工作总结、工作记录，指导业务部门制定制度和保密管理要求融入业务工作等相关材料	报送保密工作机构	保密工作机构
		50. 保密工作机构履行保密管理职责不够的，扣2分				
		51. 未参加涉密业务工作制定，未指导业务部门将保密管理要求融入业务工作中的，扣2分				
		52. 未提出保密责任追究和奖惩建议并监督落实的，扣2分				

表2.1(续5)

项目	项目细则	工作内容 具体操作	存档单位	责任单位
	保密工作人员配备			
	53. 专职保密工作人员配备数量不符合标准要求的，扣10分	53~56. 核查涉密人员数量，超过100人（含）的要配备1名专职专用保密人员；专职保密工作人员任职文件、保密培训证书等相关材料要存档	本部门留存并报送保密工作机构	保密工作机构
	54. 专职保密工作人员条件不符合标准要求或者未做到专职专用的，扣4分			
	55. 专职保密工作人员2人（含）以上，未配备保密技术管理人员的，扣2分			
	56. 兼职保密工作人员未按要求配备的，扣2分			
	保密工作人员知识和技能			
	57. 保密工作机构人员对本单位业务工作中的保密工作重点和具体情况掌握不够的，扣4分	57~58. 保密工作机构工作人员掌握单位保密工作重点和具体情况，受过保密知识和技能的培训	报送保密工作机构	保密工作机构
	58. 保密工作机构人员未经过保密知识和技能培训的，扣2分			
保密制度	基本制度（12分）			
	59. 未按要求制定的，扣4分	59~62. 相关归口部门根据《标准》，修订保密基本制度或流程	报送保密工作机构	归口部门
	60. 未结合单位工作实际制定、操作性不强的，扣3分			
	61. 不够全面、准确、规范的，扣3分			
	62. 未及时修订、完善的，扣2分			
	专项制度（5分）			
	63. 未按要求制定的，扣2分	63~65. 涉密程度高，研制周期长，参与单位多的重要武器装备研制工程或项目的专项工程要专项制度；专项制度中要体现具体保密责任分工，保密方案和保密措施	本部门留存并报送保密工作机构	
	64. 职责分工不明确的，扣1分			
	65. 未结合业务特点、具体规定具体管理措施的，扣2分			

表2.1(续6)

项目		项目细则	工作内容		
			具体操作	存档单位	责任单位
保密管理	业务制度(3分)	66.未将保密管理要求融入业务工作制度中的,扣3分	66.修订业务工作制度或流程	本部门留存并报送保密工作机构	
	定密管理(20分)	67~68.未按定密权限依法开展定密工作的,扣4分	67~68.核查所有涉密项目,每个涉密项目均要有《涉密科研项目定密表》;核查留存的涉密资料,每份涉密文件要标明知悉范围,知悉范围要明确到人,涉密电子文档悉范围标注依照第124条操作	报送科研管理部,保密工作机构,涉密部门,涉密项目组	科研管理部门,党政部门,发展规划部,涉密部门,涉密项目组
		68.未明确定密工作流程的,扣2分			
		69.未制定国家秘密事项范围细目并及时调整的,扣3分	69.更新《科研类涉密事项一览表》《涉密事项一览表》《建设类涉密事项一览表》		
		70.未按规定指定定密责任人的,扣2分	70~71.部门留存指定定密责任人文件和单位领导的授权书"和培训证书;涉密研究所(项目组)留存"定密岗"定密责任人等相关材料	涉密机构,涉密部门,涉密项目组	
		71.定密责任人未经过培训的,扣2分			
		72.定密程序不符合要求的,扣3分	72~73.收集整理《涉密科研项目定密表》、涉密责任清单》等相关材料		
		73.密级、保密期限和知悉范围确定不够准确的,扣2分			
		74.未开展变更解密或者解密工作的,扣2分	74.收集整理密级变更或解密的相关材料(变更或解除密级的,要有定密审批的书面通知)		
	涉密人员管理(50分)	上岗管理			
		75.未准确界定涉密岗位密级的,扣4分	75~76.收集整理《涉密岗位汇总表》(原岗位汇总表责)和《涉密岗位密级汇总表》	报送人力资源部,涉密部门,涉密项目组	人力资源部
		76.未准确界定涉密人员密级并及时调整的,扣4分			
		77.未对进入涉密岗位的人员进行审查和定期复审的,扣4分	77.收集整理《涉密岗位审批表》等审批材料备查(复审周期:核心每年,重要每3年,一般每5年,符合复审条件的须重新填写《涉密人员保密审查表》《涉密人员保密承诺书》,报送人力资源部		
		78.未对进入涉密岗位的人员进行岗前保密教育培训、签订《涉密人员保密承诺书》的,扣2分	78.收集整理保密培训证书,《涉密人员保密承诺书》		

表 2.1（续7）

项目	项目细则	工作内容 具体操作	存档单位	责任单位
在岗管理	79. 年度内涉密人员在岗保密教育和培训未满15学时的，扣2分	79. 收集整理保密教育培训记录（检查涉密人员保密培训学时和培训内容是否相符，培训学时、《保密工作》杂志内容、保密知识答题等），统计培训学时，填写《涉密人员保密教育培训汇总表》，报人力资源部		
	80. 未对涉密人员进行年度考核的，扣3分	80. 收集《员工年度考核登记表》，体现保密考核内容；在业绩津贴考核中应明确体现保密工作量		
	81. 涉密人员严重违反保密制度或者不符合基本条件，未及时调整的，扣5分	81. 如涉及此项，报人力资源部，保密工作机构（审查基本条件包括国籍，政治立场，个人品行，学习经历，工作经历，与国（境）外机构，组织，人员交往情况等）会关系，与国（境）外机构，组织，人员交往情况等		
	82. 未根据涉密人员密级给予相应保密补贴的，扣4分	82. 各部门整理保密补贴发放记录，备查		
	83. 未将涉密人员在公安机关出入境管理机构备案的，扣4分	83～86. 人力资源部收集整理报备记录，涉密人员因私出境护照，回访记录；国际合作签证记录；各部门涉密人员出境提醒记录，核对审批与签证记录，行前教育记录		报送人力资源部，外事部，涉密部门，涉密项目组
	84. 出入境证件未统一管理的，扣2分			
	85. 出国（境）未按要求审批的，扣4分			
	86. 出国（境）未按要求执行提醒回访制度的，扣2分			
	87. 现场审查保密知识考试良好率未达到80%的，扣4分	87. 熟悉《涉密人员考试试题库》内容		密部门，涉密项目组
离岗管理	88. 离岗、离职涉密人员未及时清退涉密载体、涉密信息设备、涉密存储设备和密品的，扣3分	88～89. 收集整理《涉密人员脱密审批表》《涉密载体清退交接登记表》《涉密人员脱密期保密承诺书》《离岗离职涉密人员保密提醒谈话记录表》《涉密人员脱密管理通知书》《涉密人员脱密期回访记录表》《涉密人员保密承诺书》等材料并存档		报送人力资源部，涉密部门，涉密项目组
	89. 离岗、离职涉密人员未签订《涉密人员保密承诺书》、实行脱密期管理的，扣3分			人力资源部，涉密部门，涉密项目组

表2.1(续8)

项目	项目细则	工作内容 具体操作	存档单位	责任单位
涉密载体管理（45分）	90. 未建立涉密载体台账或者台账与实际不符，保存期限不足3年的，扣4分	90. 各部门整理、核对，汇总涉密载体电子台账，做到账物相符；保密工作机构汇总全单位涉密载体电子台账		
	91. 涉密载体未正确标注密级和保密期限的，扣3分	91～100. 整理涉密载体和登记审批记录，包括《涉密载体台账》《涉密计算机输出资料登记表》《涉密文件资料发送单》《涉密载体销毁审批表》《涉密载体登记薄》《涉密载体销毁清单》《涉密文件资料销毁登记表》等，做到每个环节有记录，全程闭环（备注：涉密载体要集中管理，个人手中禁止私自留存涉密载体；工作需要使用时要向保密员办理借阅登记手续）		
	92. 涉密载体未按规定制作的，扣2分			
	93. 涉密载体未按规定接收发收的，扣2分			
	94. 涉密载体未按规定传递的，扣2分			
	95. 涉密载体未按规定借阅的，扣2分			
	96. 涉密载体未按规定使用的，扣2分			
	97. 涉密载体未按规定复制的，发现一份扣2分，最高扣6分			
	98. 涉密载体未按规定保存的，发现一份扣2分，最高扣6分			
	99. 涉密载体未按规定销毁的，扣3分			
	100. 记录涉密事项未按保密本的，扣3分			
	101. 未严格控制国家秘密载体知悉范围的，发现一份扣2分，最高扣6分	101～102. 留存的涉密载体要有密级标志栏（分为自产和外来两种，自产载体的密级标志栏由定密责任人签字确认标明密级，保密期限和悉知范围，外来载体的密级标志栏须由定密责任人签字确认标明悉知范围，知悉范围要确定到人）；涉密载体电子台账登记定密责任人和悉知范围要与实际一致；使用涉密载体（借阅、领用）的人员要在悉知范围内	报送涉密部门、涉密项目组	涉密部门、涉密项目组
	102. 持有涉密载体或者知悉国家秘密未履行审批程序的，发现一份扣1分，最高扣4分			

表 2.1(续 9)

项目	项目细则	工作内容		存档单位	责任单位
		具体操作			
密品管理(20 分)	103. 未建立密品台账或者密品台账与实际不符的,扣4分	103. 建立密品台账,并与实际相符			
	104. 未准确确定密品的密级、保密期限和接触范围的,扣 2 分	104. 要准确确定密品的密级、保密期限和接触范围			
	105. 密品未按规定标注密级的,扣 2 分	105. 密品要标明密级和保密期限,小件的在包装上标明密级和保密期限,大件的在产品说明书、技术规格书里标明密级和保密期限			
	106. 对外形和构造容易暴露国家秘密信息的密品未取遮挡措施或者保护性措施的,扣 2 分	106. 对外形和构造容易暴露国家秘密信息的密品要采取遮挡或者保护性措施			
	107. 密品未按规定存放的,扣 2 分	107. 不得露天生产、保存、放置密品			
	108. 重要密品运输未制定安全保密方案、落实安全保密措施,并进行记录的,扣 3 分	108. 重要密品运输要制定保密工作方案,方案包括指定负责人和押运人、选取承运单位并其签订保密协议、制定运输方式、运输时间和路线、中途停靠、安全警卫措施等内容		报送涉及单位	涉及单位
	109. 密品交接未履行签收手续的,扣 3 分	109. 密品在各环节的交接均要履行严格的登记签收手续,签收记录存档备查			
	110. 密品维修、销毁未经审批或者未采取安全保密措施的,扣 2 分	110. 密品的检修和维修要按照涉密载体维修程序办理登记审批,一般不得由境外人员承担,确需境外人员维修时,要单独申请并采取相应的保密措施;密品的销毁按照涉密载体销毁程序办理登记审批送销			

表 2.1（续 10）

项目	项目细则	工作内容 具体操作	存档单位	责任单位
要害部门、部位管理（22 分）	111. 未按规定确定保密要害部门、部位，或者确定不准确的，扣 3 分	111. 收集整理保密要害部门、部位的确定、变更、撤销文件等材料	报送保密工作机构、要害部门、部位	
	112. 保密要害部门未实行区域隔离，或者保密要害部位未实施物理防护的，扣 2 分	112～114. 保密要害部门、部位要保障防护设施的有效运行，要将监控主机放置在安全区域内，整理《涉密场所安防设施检查记录表》、门禁授权进入人员名单，存档备查	报送要害部门、部位	
	113. 未按规定采取出入口控制、入侵报警、视频监控等技术防护措施的，扣 4 分			
	114. 出入口控制、入侵报警、视频监控等技术防护设施不能正常工作的，扣 2 分			
	115. 安防监控室未配备人员或者值班人员履职不够的，扣 1 分	115. 保卫部整理修订值班人员岗位职责和培训记录，存档备查	报送安全保卫部	安全保卫部、要害部门、部位
	116. 非授权人员进入保密要害部门、部位未经批准并采取监督管理措施的，扣 2 分	116～117. 整理核对《保密要害部门、部位外来人员登记表》《外来人员进入涉密场所审批表》；禁止快递员、送水员等无关人员进入保密要害部门、部位门禁控制区域，要粘贴警示标志牌；国有资产管理部门制作严禁携带手机、严禁拍照等禁示标志牌	报送要害部门、部位	
	117. 未经批准，带入具有无线通信、拍摄、录音等功能的电子设备的，扣 2 分			
	118. 将手机带入保密要害部门、部位的，扣 2 分	118. 所有要害部门、部位要设置手机存放柜，不得将手机带入要害部门、部位	报送安全保卫部	
	119. 未对进入的工勤服务人员采取管控措施的，扣 2 分	119. 收集整理工勤人员的审查审批情况（《工勤人员登记表》《工勤人员审批表》）	报送安全保卫部	
	120. 涉及保密要害部门、部位的工程建设项目不符合安全保密要求或者保密防护措施未经保密工作机构审核的，扣 2 分	120. 收集整理审核通过的工程建设项目方案、保密防护措施等相关材料	报送保密工作机构、要害部门、部位	

表 2.1（续 11）

项目	项目细则	工作内容		责任单位
		具体操作	存档单位	
		重点项目		
信息系统、信息设备和存储设备管理（260 分）	121. 涉密信息系统通过系统测评但未提交涉密网络运行评审申请，或者已获得运行评审许可但未按要求进行风险评估的，扣 20 分	121. 收集整理涉密网络运行评审可和风险评估报告，存入《涉密信息设备全生命周期档案》备查		涉及部门
	122. 使用与互联网及其他公共信息网络连接的内部非涉密信息系统、非涉密信息设备和非涉密存储设备存储、处理、传输涉密信息的，扣 10 分	122. 按照《信息设备管理工作指导手册》第 1,4,5 条组织自检自查		涉密部门、涉密项目组
	123. 修改、删除涉密计算机保密技术防护专用系统的监控程序报警回联地址的，扣 10 分	123. 按照《信息设备管理工作指导手册》第 20 条组织自检自查，保障外联监控报警服务器正常运行	—	信息化部、涉密部门、涉密项目组
	124. 擅自访问、下载、存储、传输和悉范围以外的国家秘密的，扣 10 分	124. 所有电子文档应当增加涉密文档辑要页；多人共用涉密计算机做好用户权限划分，达到分区不可互访，按照《信息设备管理工作指导手册》第 12 条进行设置		涉密部门、涉密项目组
	125. 擅自扫描或者检测涉密信息系统以及应用系统的，扣 10 分	125. 查看涉密信息系统安全日志		涉及部门
	126. 故意隐藏涉密信息设备和涉密存储设备，规避检查的，扣 10 分	126. 核实台账、账物相符，外携审批完整；每年 × 月 × 日后，非涉密计算机有针对大范围硬盘的隔离检查行为		涉密部门、涉密项目组

42

表 2.1（续 12）

项目		项目细则	工作内容			责任单位
				具体操作	存档单位	
涉密信息系统		127. 测试、调试、仿真、工控、数控等专用信息设备或者信息系统，接入涉密信息系统未制定专门的安全保密方案并报国家保密行政管理部门审查的，扣 10 分	127. 接入涉密信息系统的仿真设备等制定专门的安全保密方案（包括负责人、管理方式、自查方法等），并报信息化部、保密工作机构			涉及此表专用信息设备的单位
		128. 涉密信息系统采用虚拟化技术，未制定专门的安全保密方案并报国家保密行政管理部门审查的，扣 10 分	128. 如涉及此项，报信息化部、保密工作机构		—	涉密部门、涉密项目组
		129. 采用无线方式接入涉密信息系统或者计算机，未采用国家保密行政管理部门和国家密码管理部门审批的安全保密设施设备和国家密码管理部门测评合格的安全保密产品，未制定专门的安全保密方案并报国家保密行政管理部门审查的，扣 10 分	129. 如涉及此项，报信息化部、保密工作机构			涉密部门、涉密项目组
		130. 委托系统内无相应资质单位承担涉密信息系统运行维护的，扣 10 分	130. 如涉及此项，报信息化部、保密工作机构		—	涉密部门、涉密项目组
		131. 未经审批更换涉密服务器、涉密计算机硬盘、重装操作系统，或者现场审查前 6 个月内更换（报废）涉密服务器、涉密计算机硬盘、重装操作系统数量超过总数 20% 的，扣 10 分	131. 核实台账、审批表，涉密计算机更换硬盘、重装操作系统必须审批并与台账信息相符			涉密部门、涉密项目组
		132. 尚未存储、处理涉密信息的涉密信息系统，未经系统测评的，扣 1 分	132. 不涉及			

表 2.1(续13)

项 目	项目细则	工作内容		责任单位
		具体操作	存档单位	
	133.《涉及国家秘密的信息系统使用许可证》涉及事项发生变化时未按有关规定及时报告的,扣2分	133. 如涉及此项,报信息化部、保密工作机构		涉及部门
	134. 提供的涉密信息系统拓扑结构图不完整,或者与测评报告、风险评估报告以及实际情况不符的,扣2分	134. 如涉及此项,报信息化部、保密工作机构		
	管理机构及人员			
	135. 未明确信息化部和运行维护机构的,扣2分	135. 修订单位相关管理制度		信息化部、保密工作机构
	136. 信息化部和运行维护机构设置及人员配备未到位或者不能满足实际需要的,扣2分	136. 修订单位相关管理制度,调整人员配备		信息化部
	137. 未与受委托承担涉密信息系统运行维护的内部机构(单位)签订保密协议,或者未对受委托承担运行维护人员进行保密审查、签订《涉密人员保密承诺书》的,扣1分	137. 与受委托承担涉密信息系统运行维护的内部机构(单位)签订保密协议,对受委托承担运行维护人员进行保密审查、签订《涉密人员保密承诺书》	—	涉及部门
	138. 信息安全保密管理体系文件不符合国家保密法规标准和本单位业务工作实际的,扣2分	138. 修订制度、策略、流程,并建立信息安全保密管理体系文件		信息化部、保密工作机构
	139. 信息安全策略存在明显的安全隐患、漏洞,或者未及时报据安全情况变化进行调整的,扣2分	139.(1)修订策略文件、执行表单		信息化部、保密工作机构
		139.(2)根据实际情况填写《涉密信息设备、涉密存储设备安全保密策略执行表单》		涉密部门、涉密项目组
	140. 信息安全保密管理体系文件未按规定程序发布、宣贯、实施的,扣1分	140. 信息安全保密管理体系文件按规定程序发布、宣贯、实施		信息化部、保密工作机构

表 2.1（续 14）

项目	项目细则	工作内容			责任单位
		具体操作	存档单位		
	141. 相关人员不掌握信息安全保密管理体系文件应知基本内容的，发现1人扣1分，最高扣2分	141. 计算机管理员、责任人、使用人学习、掌握体系文件、制度、策略、流程和操作方法			涉密部门、涉密项目组
	142. 运行维护机构未制定运行维护工作制度和操作规程，未落实安全保密要求的，扣1分	142. 制定运行维护工作制度和操作规程，编入体系文件			信息化部、保密工作机构
	143. "三员"（安全保密员、系统管理员、安全审计员（以下简称"三员"））未实现相互独立，相互制约，存在兼任或者替代的，扣4分	143. 学习"三员"计算机管理员相关制度、要求，能够熟练操作	―		涉密部门、涉密项目组
	144. "三员"未确定为重要（含）以上涉密人员，或者未经安全保密培训的，发现1人扣1分，最高扣3分	144. 核查"三员"计算机管理员涉密等级，不符合要求的办理变更手续			
	145. "三员"无运行维护记录，或者运行维护记录不能反映真实情况的，扣1分	145～146. 核查《管理员KEY使用登记簿》《端口开放登记簿》，并与审计日志进行比对，××月××日启用《涉密信息设备全生命周期使用登记簿》（端口、管理员KEY、多人共用、中间机），严格登记审批			
	146. "三员"在运行维护中未能发现明显安全保密隐患和违规行为，或者未按规定程序处理的，扣2分				
		设备管理			
	147. 信息系统、信息设备和存储设备未建立台账，或者台账信息要素不全、账物不符的，扣2分	147. 按照《信息设备管理工作指导手册》第6条要求整理台账	―		涉密部门、涉密项目组
	148. 涉密信息设备和涉密存储设备未建立全生命周期管理档案，或者相关记录不全的，扣2分	148. 所有涉密信息设备建立《涉密信息设备全生命周期档案》；按照《信息设备管理工作指导手册》第7.29条要求整理			

表 2.1（续15）

项目	项目细则	工作内容		存档单位	责任单位
		具体操作			
	149. 涉密信息设备和涉密存储设备未按规定程序确定涉密等级的，扣2分	149～150. 核查审批表、台账、标志，与实际不相符的填写《涉密信息设备变更审批表》			
	150. 涉密信息设备和涉密存储设备未确定责任人的，发现1人扣1分，最高扣3分				
	151. 信息设备和涉密存储设备无标志或者标志不符合要求的，发现1台（个）扣1分，最高扣3分	151. 按照《信息设备管理工作指导手册》第9条要求粘贴标志			
	152. 涉密信息设备或者涉密信息设备中的涉密信息无密级标志，或者密级标志与涉密等级不符合的，发现1台（个）扣1分，最高扣3分	152. 所有电子文档应当增加涉密文档辑要页，按照《信息设备管理工作指导手册》第10条要求做标志			
	153. 未按规定程序对涉密信息设备和涉密存储设备进行变更和调整的，或者记录不全，与实际情况严重不符的，扣2分	153. 核查审批表、台账、标志，与实际不相符的填写《涉密信息设备变更审批表》			
	154. 擅自卸载、修改涉密信息系统、涉密信息设备和涉密存储设备的安全技术程序、管理程序的，发现一起扣1分，最高扣4分	154. 核查防护系统安装时间，与审批时间不一致的填写《涉密信息设备变更审批表》《管理员KEY使用登记》			
	155. 涉密信息设备连接未经授权的存储设备，或者高密级存储设备接入低密级信息设备的，扣2分	155. 按照《信息设备管理工作指导手册》第1条要求自查，发现违规情况填写《保密技术相关事件报告表》			
	156. 超出涉密等级范围配备、管理和使用涉密信息设备的，扣2分	156. 核查责任人、使用人密级、等级，依于涉密设备的须调整人员等级，××月××日后电子文档必须说明确知范围			
	157. 涉密存储设备未确定控制范围，或者未按规定程序授权使用的，扣2分	157. 单位统一安排调整			

表 2.1(续 16)

项目	项目细则	工作内容		存档单位	责任单位
		具体操作			
	158. 超出涉密信息系统、涉密信息设备和涉密存储设备的涉密等级存储、处理,传输涉密信息的,发现1台(个)扣1分,最高扣4分	158. 按照《信息设备管理工作指导手册》第4条要求逐台自查,发现违规情况调整计算机密级或填写《保密技术事件报告表》			涉及此类专用信息设备的单位
	159. 测试、调试、仿真、工控、数控等专用信息设备或者信息系统,未明确涉密等级保护要求的,或者未采取相应安全控制实施的,扣2分	159. 按照此样例中第127条安全方案落实			
	绝密级信息保护				
	160. 绝密级计算机的使用环境和存放不符合保密要求的,扣2分	160～162. 不涉及		—	—
	161. 绝密级计算机未实现专人管理或者使用无记录的,扣2分				
	162. 绝密信息未按国家有关部门要求来取密码保护措施进行存储和传输的,扣2分				
	外出携带、维修、报废				
	163. 未按工作需要配备专供外出携带的涉密信息设备和涉密存储设备,并未由专人管理的,扣1分	163. 专供外出携带的涉密信息设备和涉密存储设备必须指定计算机管理员进行集中管理。外出携带专用设备必须粘贴标志		—	涉密部门、涉密项目组
	164. 携带涉密信息设备和涉密存储设备外出未履行审批程序的,扣2分	164～166. 按照《信息设备管理工作指导手册》第1,28,29条核实计算机使用记录(USB记录、输出记录)、《携带涉密使用式计算机外出保密审批》《涉密便携式计算机及存储介质外出操作记录及归还检查登记表》,补齐相关记录及审批手续			
	165. 携带涉密信息设备和涉密存储设备外出期间未对设备进行专人管理,专人接入和信息导入、导出进行记录的,扣2分				
	166. 涉密信息设备和涉密存储设备借出前或者归还后未进行保密检查、或者检查结论与实际情况不符的,扣2分				

表 2.1（续 17）

项目		项目细则	工作内容		存档单位	责任单位
			具体操作			
项目		167. 涉密信息设备和涉密存储设备未按规定程序进行维修和报废的，扣 2 分	167～169. 核实《涉密信息设备报废审批表》《涉密信息设备维修审批表》《涉密设备维修保密协议》《涉密信息设备维修记录》《涉密载体销毁审批表》《涉密载体销毁清单》和涉密信息设备台账			
		168. 维修中未对维修人员以及存储过涉密信息的硬件和固件采取有效的管控措施的，扣 4 分				
		169. 维修报废中相关登记记录不完整的，扣 1 分				
			安全产品与无线通信功能防护			
		170. 未正确配置和使用安全密品的，扣 2 分	170～171. 信息化部收集整理相关资质证书和检测报告；禁止私自卸载防护系统		—	信息化部门、涉密项目组
		171. 安全密品失效或者功能不符合保密要求的，扣 2 分				
		172. 涉密信息系统、涉密计算机等未采取病毒和恶意代码检测和查杀措施的，扣 1 分	172. 涉密计算机安装国产杀毒软件（瑞星杀毒软件、金山毒霸、360 杀毒软件）			
		173. 涉密信息系统、涉密信息设备和传输线路的电磁泄漏，发射不符合安全保密要求且未采取保护措施的，扣 1 分	173. 按照《信息设备管理工作指导手册》第 1 条要求操作，发现违规行为上报信息化部、保密工作机构			
		174. 涉密信息设备和涉密存储设备具有无线通信功能，或者连接具有无线通信功能的外部设备的，扣 2 分	174. 按照《信息设备管理工作指导手册》第 19 条要求操作，机密级、机密级信息计算机必须使用视频干扰仪，如有不满足标准要求情况上报信息化部、保密工作机构			
			软硬件安装、卸载			
		175. 涉密信息系统服务器、终端和涉密计算机更换涉密硬盘、重装操作系统，无操作记录和内容人员签字的，扣 2 分	175. 核实《涉密信息设备变更审批表》与涉密信息设备台账，补齐记录		—	涉密部门、涉密项目组

表2.1(续18)

项目	项目细则	工作内容		存档单位	责任单位
		具体操作			
	176. 未按规定程序安装和拆卸涉密信息设备硬件或者外部设备的，发现1台扣1分，最高扣2分	176. 核实《涉密信息设备变更审批表》《涉密设备维修保密审批表》与涉密信息设备台账，补齐记录			
	177. 涉密信息系统和涉密信息设备使用的软件未统一管理并制定软件清单的，扣1分	177. 信息化部核实、更新《涉密计算机软件白名单》			
	178. 涉密信息系统和涉密信息设备安装软件白名单以外的软件未履行审批程序，或者安装记录与实际不符的，扣1分	178. 各涉密单位结合本单位涉密计算机软件安装情况和单位名单、制定涉密计算机软件白名单，并报送信息化部审批。安装白名单以外的软件必须填写《涉密信息设备变更审批表》			
	179. 涉密信息系统和涉密信息设备的身份鉴别措施不符合相关保密标准要求的，扣1分	身份鉴别			
	180. 身份鉴别措施未根据涉密人员岗位和密级变化情况及时调整，或者USB KEY等身份鉴别装置与实用户不符的，扣2分	179~182. 按照《信息设备管理工作指导手册》第11,12,13条要求操作；多人共用涉密计算机必须使用不同设定专人访问权限，专人使用的涉密计算机只能使用人知悉密码；单位统一安排非涉密计算机一安装密级涉密计算机；KEY按照涉密计算机载体进行安装桌面防护系统，旧版防护系统回收，单位统一管理		—	涉密部门、涉密项目组
	181. 未经授权，知悉或者掌握他人的身份鉴别装置信息的，扣1分				
	182. USB KEY等身份鉴别装置未参照国家秘密载体的要求管控的，扣1分				
	183. 未按规定程序根据国家秘密的知悉范围实现主体对客体的访问控制的，扣3分	访问控制			
	184. 未采取管理或者技术措施，防止信息设备、存储设备的非授权接入以及涉密信息被非授权获取的，扣2分	183~185. 涉密信息系统按照要求做好访问控制；所有电子文档应当增加涉密文档稀页；多人共用涉密计算机按照《信息设备管理工作指导手册》第12条操作		—	涉密部门、涉密项目组
	185. 多人共用一台涉密计算机，能够非授权访问或者获取他人涉密信息的，扣2分				

表 2.1（续19）

项目	项目细则	工作内容		存档单位	责任单位
		具体操作	信息导入导出		
	186. 未按照相对集中原则设置涉密信息系统、涉密信息设备和涉密存储设备的信息导入、导出点，并未指定人员负责管控的，扣1分	186. 所有涉密计算机填写《涉密信息设备全生命周期使用登记簿（端口，管理员 KEY，多人共用，中间机）》		—	涉密部门、涉密项目组
	187. 中间机的管理和使用不符合保密要求的，扣1分	187～188. 按照《信息设备管理工作指导手册》第 21, 22 条要求操作			
	188. 未按规定导入导出信息内容、使用的移动存储设备进行记录的，发现1份扣1分，最高扣2分				
	189. 未按规定程序导出信息，或者导出信息内容与申请不一致的，发现1份扣1分，最高扣4分	189～190. 核对输出审批与审计日志（按照《信息设备管理工作指导手册》第 28 条进行查询）			
	190. 信息导入、导出的监控审计记录与实际情况不符的，扣2分				
			涉密信息系统机房、服务器与集中存储		
	191. 涉密信息系统机房未划定安全控制区域，或者未采取相关安全控制措施的，扣2分	191. 不涉及			
	192. 未按规定程序操作涉密信息系统服务器，或者采用堡垒机、KVM 未对操作记录进行控制的，扣2分	192～195. 涉及部门按照规定落实		—	涉及部门
	193. 涉密信息系统服务器未采取相应安全控制措施的，扣2分				
	194. 未采取技术措施实现关键业务数据和涉密信息备份与恢复等功能，或者操作记录与实际不符的，扣1分				
	195. 数据库服务器、磁盘阵列等集中存储涉密信息，未采取管理和技术措施，实现安全可控的，扣1分				

表 2.1（续 20）

项目	项目细则	工作内容		责任单位
		具体操作	存档单位	
	安全审计与风险评估			
	196. 未根据审计策略对信息系统、信息设备和存储设备进行审计，或者明显编造审计报告的，扣 3 分	196～201. 涉密计算机逐台填写安全审计报告和自评估报告（机密级 1 个月，秘密级 3 个月），报送信息化部，基层单位存档纸质报告，信息化部存档电子版。信息化部每月根据审计内容整理单位总体审计报告并检查。每半年根据审计报告、风险自评估自查情况形成单位自评估报告和检查报告，下发风险整改通知。各单位根据整改通知对内容进行整改，并将整改反馈报送至信息化部	—	信息化部、涉密部门、涉密项目组
	197. 审计报告内容与实际不符，或者未对审计中发现的问题提出整改建议的，扣 2 分			
	198. 信息化部和分管业务负责人未对审计中发现的问题提出整改要求并督促落实的，扣 1 分			
	199. 年度内未对涉密信息系统、涉密信息设备和涉密存储设备进行风险自评估的，扣 1 分			
	200. 选择非国家保密行政管理部门授权机构进行风险自评估的，扣 2 分			
	201. 信息化部和分管业务负责人及风险自评估中发现的风险隐患提出补救措施并督促落实的，扣 2 分			
	互联网接入			
	202. 未建立互联网接入终端审批和登记制度，或者未设置管理人员的，扣 1 分	202～204. 按照国家有关要求严格落实	—	信息化部
	203. 单位在一地的互联网接入口多于 2 个，或者对接入口未采取符合规定的防护监管技术措施的，扣 2 分			
	204. 未采取管理和技术措施对互联网上网行为进行监控审计的，扣 1 分			

表 2.1（续 21）

项目	项目细则	工作内容		责任单位
		具体操作	存档单位	
新闻宣传管理（12 分）	205. 宣传报道未按要求进行保密审查的，扣 2 分 206. 举办展览未经保密审查或者未经主管部门审批的，扣 2 分 207. 展品制作未采取严格控制措施的，扣 1 分 208. 参观单位涉密展厅未经批准的，扣 1 分 209. 发表著作和论文未经保密审查的，扣 2 分 210. 接受新闻媒体采访未经保密审批的，扣 2 分 211. 参观武器装备科研生产现场未经主管部门审批的，扣 2 分	205～211. 收集整理《对外交流审批表》和《对外交流、网上信息发布登记簿》（×××年××月××日后），涉密人员发表论文、著作、接受采访等（在数据库或各表媒体上可检索到的）要有审批，并在部门存档备查；工学周报、工学新闻网等公开发布的军品科研信息，举办科研成果展览（包括单位或部是挂内部科研展板）等要有审查审批记录	报送承办和审查单位	宣传部、科研管理部、涉密部门、涉密项目组
涉密会议管理（10 分）	212. 涉密会议未准确确定密级，或者在不符合保密要求的场所召开的，扣 2 分 213. 重要涉密会议未按要求制定保密方案并采取保密防护措施的，扣 2 分 214. 未对与会人员进行身份登记确认的，扣 1 分 215. 涉密载体发放、清退、保管和销毁不符合要求的，扣 3 分 216. 携带手机等移动通信工具进入会议场所的，扣 1 分 217. 涉密会议录音、录像不符合要求的，扣 1 分 218. 会议设备的管理和使用不符合要求的，扣 1 分	212～218. 收集整理涉密会议的相关记录表，包括会场检查记录，50 人以上的机密级会议，要有保密工作方案（包括明确各环节责任确认）。备注：涉密学位论文答辩要按照涉密会议管理，收集整理会场检查记录，存档备查	报送承办单位	涉密部门、涉密项目组

表 2.1（续 22）

项目	项目细则	工作内容 具体操作	存档单位	责任单位
外场试验管理（12分）	219. 未制定保密方案或者未指定保密责任人的，扣2分	219～224. 收集整理《外场试验保密工作方案》《外场试验保密监督检查表》等材料	报送组织单位	科研管理部、涉密单位、涉密项目组
	220. 牵头单位未履行试验现场保密组织协调管理工作职责的，扣2分			
	221. 涉密数据交换和通信未取保密措施的，扣2分			
	222. 涉密载体和密品管理不符合要求的，扣2分			
	223. 外场试验记录不能反映保密管理情况的，扣2分			
	224. 外场试验牵头单位未定期对试验现场保密工作进行检查的，扣2分			
协作配套管理（10分）	225. 在合同中未明确保密条款和签订保密协议或者未明确合同文本项目密级认保密责任的，扣3分	225～228. 收集整理《涉密协作配套单位保密能力调查与评价表》《涉密协作配套单位保密监督检查表》《涉密协作配套单位保密协议》等材料，保证质证资料不过期。备注：科学技术部统一制定资格推荐方名录和有效期	报送科研管理部、涉密单位、涉密项目组	科研管理部、涉密单位、涉密项目组
	226. 向协作配套单位提供了项目研制所需必需技术以外涉密内容的，扣3分			
	227. 未对协作配套单位履行合同保密条款和保密协议进行监督检查的，扣2分			
	228. 未严格执行合同保密条款或者未遵守保密协议的，扣2分			
涉外管理（10分）	229. 对外交流、合作和谈判等活动中未制定保密方案、明确保密事项的，扣3分	229～232. 主办单位收集整理涉外保密工作方案（明确责任人并签字确认），如有涉外内容委有保密审查审批并存档备查；国际合作部整理行前教育记录	报送组织单位	外事部、科研管理部、涉密部门、涉密项目组
	230. 对外交流、合作和谈判等活动中未采取相应保密措施，执行保密提醒制度的，扣3分			
	231. 接待境外人员来访，未按规定审批或者未对境外人员进行身份确认登记，明确活动口径的，扣2分			
	232. 对外交流内容、谈判口径，提供文件资料和物品未经审查审批的，扣3分			

表 2.1（续 23）

项目		项目细则	工作内容		责任单位
			具体操作	存档单位	
监督与保障	保密检查（14分）	233. 单位半年内未组织保密检查或者未按照要求开展专项检查的，扣4分	233～236. 收集整理保密检查记录、书面整改要求、整改落实情况等材料（××月之后使用新版保密自检自查表）	报送涉密部门、涉密项目组	涉密部门、涉密项目组
		234. 涉密部门季度内未进行保密自查的，扣3分			
		235. 对保密检查中发现的问题未提出书面整改要求的，扣3分			
		236. 未监督检查整改落实情况的，扣4分			
	泄密事件查处（6分）	237. 未按规定及时报告泄密事件并采取补救措施的，扣3分	237～238. 涉及此项的单位，报保密工作机构	报送涉及单位	涉及单位
		238. 未按规定组织对泄密事件进行查处的，扣3分			
	考核与奖惩（10分）	239. 未将履行保密职责情况纳入个人年度绩效考核的，扣4分	239. 收集整理《员工年度考核登记表》《处级干部年度考核登记表》，其中体现对保密履职的考核	报送涉密部门、涉密项目组	人力资源部
		240. 未对保密工作先进集体和个人进行表彰奖励的，扣3分	240. 收集整理历年保密表彰文件并存档备查（部门有相关奖励的文件要存入本单位的保密工作档案中）		组织部、涉密部门、涉密项目组
		241. 未对违规违纪行为进行处罚或者未执行保密责任追究制度的，扣3分	241. 收集整理在保密检查中出现的违规违纪行为的处罚并存档备查（部门有相关处罚的文件要存入本单位的保密工作档案中）		
	保密工作经费（7分）	242. 保密管理经费未单独列入单位年度财务预算的，扣2分	242～245. 收集整理保密工作预算、支出经费相关支撑材料	报送保密工作机构、涉密部门、涉密项目组	财务部、保密工作机构、涉密部门、涉密项目组
		243. 保密管理经费数额未达到标准要求的，扣2分			
		244. 保密管理经费未报据工作需要保证足额开支的，扣2分			
		245. 专项经费未按照实际需要予以保障的，扣1分			

表 2.1（续 24）

| 项目 | 项目细则 | 工作内容 | | 责任单位 |
		具体操作	存档单位	
工作档案管理（6分）	246. 文字记载不完整的,扣 2 分	246～248. 按《标准》和单位要求整理保密工作档案	报送涉密部门、涉密项目组	涉密部门、涉密项目组
	247. 文字记载不真实的,扣 2 分			
	248. 未按规定保存或者保存期限不符合要求的,扣 2 分			

注:共计 6 大项,248 小项

二、制订计划分解任务

通过对《标准》的研读与讨论,申请单位的保密工作机构可以协同各归口部门制订工作计划,将工作任务进行分解,各司其职,分头落实。有了保密工作机构全体人员共同学习《标准》的牢固基础,可以逐项将每个要求都分解成有操作方法、有落实单位、有完成时间的任务计划清单。每个单位可以对照清单领取计划任务,按照时间节点有序开展准备工作。

有些军工单位在保密资格认定筹备阶段,只是开了动员会,强调了保密工作的重要性,未制订工作计划和进行任务分工、未下发作业指导书,对于保密资格认定工作从零开始的各部门工作人员来说很多工作是懵懂的,不知道该从何下手、该做什么、怎么去做、什么阶段该完成什么,出现缺少统一指挥、各自为战的混乱情况,致使单位无法完成保密资格认定工作应事先完成的工作,或者达不到《标准》的要求。在制订计划分解任务环节,保密工作机构应当完成以下内容。

(一)倒排时间制订计划

按照现场认定的预计时间倒排工作时间表,将需要完成的任务分解成若干个阶段,预估每个阶段所需时间,将时间进行合理分配,画出时间轴和每个节点所要完成的任务,指派给各归口部门"挂图作战"。

(二)明确认定责任分工

根据各个部门的工作任务,细化归口部门、涉密生产分厂或车间、保密要害部门和部位、涉密课题组的工作内容和具体操作方法。与归口部门反复沟通确定任务分工,确保在规定时间完成计划好的工作。

(三)建立保密资格认定工作的保障措施

对于刚刚从事军工科研生产的企事业单位来说,保密资格认定是一项全新的工作,员工的思想认识需要有一个提升的过程,认为工作可以一蹴而就的想法是不现实的,在推进工作的时候一定会遇到各种困难和阻力。造成这些困难和阻力的原因是多方面的,有组织者对《标准》理解不到位的原因,也有对单位自身情况分析不透彻的原因,但更多的是单位内部各部门思想不到位的原因。因为思想认识不到位,有些部门的领导会对工作推诿、拖延、敷衍,造成工作不能按期完成,或者近期完成也不能保证质量。因此,单位有必要针对保密资格认定制定专门的保障措施。保障措施包括精神、物质奖励和经济、行政处罚等。

三、工作样例

(一)工作布置样例

关于做好保密资格认定准备工作的通知

各有关单位:

根据《×××保密资格认定办法》(××发〔20××〕××号)相关规定和A公司党委工

作安排,定于20××年进行保密资格认定工作。为保证各项工作顺利开展,经研究,现对具体准备工作进行布置,请各有关单位及人员认真落实。

一、组织机构

公司成立保密资格认定工作指挥部,负责组织、领导、协调保密认定工作各项事宜,对准备工作进行检查。各部门分别成立保密认定工作筹备组(详见机构组成),负责落实公司的工作部署、做好保密认定的准备工作。指挥部办公地点设在×号楼××会议室。

二、工作进度安排(详见日程安排)

(一)动员准备期(4月1日—4月16日):成立组织机构、培训、动员、布置;

(二)自检自查期(4月17日—5月31日):自查、整改;

(三)迎接预审期(6月1日—6月8日):预审、整改;

(四)正式审查期(暑假前):查缺补漏、迎接国家审查。

三、工作要求及说明

各部门依照任务要求(详见任务分工落实),将工作安排到具体的人,明确责任和任务,按照时间节点组织开展各项工作。

(一)重点工作

1.修订完善各单位职责和岗位职责;

2.规范定密工作、加强知悉范围管控;

3.加强信息系统、信息设备和存储设备的保密管理;

4.加强保密要害部门、部位的管理;

5.组织涉密人员学习《标准》,参加考试;

6.确保各种工作记录完整、规范。

(二)每周例会

保密资格认定工作指挥部管理组和技术组每周召开例会,会议时间及地点将另行通知。

四、保障措施

(一)奖励

1.在现场审查保密知识考试中,成绩超过95分的涉密人员,每超出1分,奖励1 000元;

2.现场审查反馈会受到专家点名表扬的单位奖励10 000元;受到点名表扬的人员奖励5 000元,所在处级单位奖励5 000元;

3.奖励在现场审查中未出现扣分项的人员和所在部门各2 000元;

(二)处罚

1.公司组织的保密检查和预审旨在发现问题,研究整改措施,不做处罚;

2.在正式审查中出现下列情况的相关人员,将给予严肃处理:

(1)对于出现"中止项"的相关责任人,扣发书记、总经理、分管保密工作副总经理、分管业务副总经理、保密工作机构部长、相关责任部门的主要领导和分管领导、分公司党委书记和经理、主管保密工作副经理、课题负责人全年50%的业绩津贴,课题负责人调离涉密岗位;直接责任人移交人才交流中心,扣发全年业绩津贴;

(2)对于出现"重点扣分项"的相关责任人,扣发本部门党政主要领导和分管领导全年

25%的业绩津贴,扣发课题负责人和相关人员全年50%的业绩津贴;直接责任人调离涉密岗位,扣发全年业绩津贴;

（3）出现"中止项"和"重点扣分项"相关负责人和责任人将在本年度职称晋升、职务及岗位聘任、评优等方面予以一票否决;

（4）对于造成"一般扣分项"的人员,每扣1分,视性质和具体情况,扣发直接责任人业绩津贴1 000元或免于处罚;

（5）保密知识考试不合格者,80分以下扣发业绩津贴3 000元,70分以下扣发业绩津贴5 000元,60分以下扣发业绩津贴10 000元,考试作弊或无故缺考罚款20 000元;

（6）逃避、不配合检查的人员扣发业绩津贴10 000元,调离涉密岗位。

A公司

××××年××月××日

（二）认定组织机构组成样例

保密资格认定工作组织机构

一、指挥部的职责及组成成员

总 指 挥:公司党委书记×××、总经理×××

副总指挥:公司副总经理×××

总协调人:保密工作机构负责人×××

（一）管理组

职　　责:负责《评分标准》中保密责任、归口管理、保密组织机构、保密制度、定密管理、涉密人员管理、涉密载体管理、新闻宣传管理、涉密会议管理、外场试验管理、协作配套管理、涉外管理、保密检查、泄密事件查处、考核与奖惩、保密工作经费等。

组　　长:科学技术部部长×××

副组长:科学技术部副部长×××、宣传部副部长×××

成　　员:保密工作机构×××、科学技术部×××、人力资源部×××、国际交流与合作部×××

（二）技术组

职　　责:负责《评分标准》中信息系统、信息设备和存储设备的管理,要害部门、部位的管理等。

组　　长:信息化部部长×××、安全保卫部部长×××

副组长:信息化部副部长×××、安全保卫部副部长×××

成　　员:保密工作机构×××、信息化部×××、安全保卫部×××

（三）文档组

职　　责:负责保密资格认定相关综合性材料组织工作、保密工作档案整理工作。

组　　长:党政部部长×××

副组长:党政部副部长×××

成　　员:保密工作机构×××、党政部×××、宣传部×××

（四）检查组

职　　责：负责检查验收各涉密单位保密资格认定的准备及自查情况。

组　　长：保密工作机构部长×××

成　　员：各部门负责人

二、筹备组的职责及组成成员

组　　长：各部门主要负责人

副组长：各部门分管负责人

管理组：联络人1名；成员：部门兼职保密员，涉密项目负责人、兼职保密员等。

技术组：联络人1名；成员：部门计算机管理员，涉密项目组技术骨干、兼职计算机管理员等。

（三）时间安排样例

保密资格认定准备工作时间安排样例见表2.2。

表2.2　保密资格认定准备工作时间安排样例（2个月准备期）

序号	时间安排	任务名称
1	4月14日	召开培训会
2	4月15日	建立涉密信息设备全生命周期档案
3	4月17日	召开动员大会
4	4月18日	完成本单位责任分工及工作布置
5	4月15日—4月21日	报送《保密资格认定任务分解表》（以下简称《分解表》）第23~25,48,54条工作内容，完成第111~120条工作内容
6	4月21日	第一次例会，收集问题，集中解答
7	4月15日—4月28日	报送《分解表》第38~40,77~79条工作内容，完成第80~89,212~231条工作内容
8	4月28日	第二次例会，收集问题，集中解答
9	4月15日—5月5日	完成《分解表》第26~32,59~68,75~76条工作内容，报送《分解表》第1~22,69,90,205~211,233~245条工作内容，按照《信息设备管理工作指导手册》（以下简称《手册》）第6条报送台账，第28条报送审计日志和风险自评估报告
10	5月5日	第三次例会，收集问题，集中解答
11	4月15日—5月12日	完成《分解表》第91~110,127~130,135~159,163~190,196~204条工作内容，按照《手册》第1~5完成自查，完成《手册》第8~28条工作内容，基本完成《分解表》第246~248条工作内容
12	5月12日	第四次例会，收集问题，集中解答
13	5月13日—5月19日	问题初步清零，各部门组织自验收，单位组织预验收

表 2.2(续)

序号	时间安排	任务名称
14	5月19日	第五次例会,反馈问题,布置整改
15	5月22日—5月23日	保密资格认定预审查
16	5月24日	第六次例会,布置整改
17	5月24日—6月2日	查缺补漏,问题整改
18	4月15日—6月2日	整理报送各类数据
19	6月2日	第七次例会,收集问题,集中解答
20	5月31日—6月9日	完成《分解表》第246~248条工作内容,整理完成本单位工作档案,单位内验收,问题清零
21	6月9日	第八次例会,收集问题,集中解答
22	6月11日	全体涉密人员考试
23	6月9日—6月14日	准备"4张名片"(汇报思路清晰、环境整齐划一、现场回答流利、考试成绩优异)
24	6月15日—6月16日	保密资格认定现场审查

第三节 任务的分工与落实

本节内容将全部以样例的形式提供。

一、归口部门的任务落实

(一)党政部

1. 收集整理单位领导责任相关材料

(1)书记、总经理、副总经理等对上级相关文件、会议讲话等有关保密工作的批示和要求(交保密工作机构);

(2)有关研究、部署保密工作的党委会、领导班子办公会、专题会议等会议材料(交保密工作机构);

(3)单位年度工作要点(交保密工作机构);

(4)单位领导年度述职报告,保密委员会委员(单位领导)每年向保密委员会递交的年度履职情况报告(交保密工作机构);

（5）分管保密工作的领导检查单位领导、部门领导的检查记录（交保密工作机构）；

（6）整理党政部保密工作的职责材料并提供给分管领导，以备现场审查专家提问时使用；

（7）分管领导对党政部业务范围内的保密工作重点、难点问题进行研究和部署的会议记录、文件批示等支撑材料（交保密工作机构）；

（8）分管领导进行工作布置时严格控制知悉范围的文件签批、会议记录等支撑材料（交保密工作机构）；

（9）分管领导对党政部进行保密检查和督促整改的支撑材料（交保密工作机构）；

（10）能够体现分管领导在党政部业务中，对保密工作开展提供保障的书面材料（如安防建设、安防设备采购、人员配备等）（交保密工作机构）；

（11）能够体现分管领导支持保密工作机构开展工作的书面材料（交保密工作机构）；

（12）在登记机关备案的章程（交保密工作机构）。

2.整理归口管理相关材料

（1）整理党政部职责、岗位职责，修订《单位内部机构工作职责情况表》《单位岗位职责情况表》，体现保密工作职责（涉密岗位设置情况不得在网上公开）；

（2）收集整理修订工作制度和流程，将保密管理要求融入其中，包括机要管理、涉密文件收发、涉密公文制作、办公系统信息发布、涉密文印室管理等；

（3）收集整理与保密工作相关文件的签批单，能够体现与业务同步开展保密工作的相关材料（交保密工作机构）。

3.其他准备工作

（1）更新《党政类涉密事项一览表》（交定密归口部门）；

（2）整理保密要害部位相关材料，包括确定、变更（责任人），安防设施检查记录，外来人员进入登记与审批，工程建设项目的改建方案等；设置手机存放柜，不得将手机带入保密要害部位门禁内；

（3）整理主任年度履职情况报告（交保密工作机构）；

（4）协助法人或主要负责人编写汇报材料；

（5）负责预审及现场审查的接待工作。

收集整理各项材料的起始时间为××××年××月××日，整理完毕后于××月××日前送交保密工作机构，其他项目的材料留存在本单位的保密工作档案中。除做好上述工作外，还须按照《保密资格认定任务分工表》逐条分解落实。

（二）科研管理部

1.收集整理单位领导责任相关材料

（1）整理科研管理部保密工作职责材料并提供给分管单位领导，以备现场审查专家提问时使用，内容包括涉密项目（如科研、条目立项等）管理、定密管理、涉密会议管理、外场试验管理、协作配套管理、与科研管理部相关的对外交流的保密审查、要害部门和部位的管理等；

（2）分管领导对科研管理部业务范围内的保密工作重点、难点问题进行研究和部署的

会议记录、文件批示等支撑材料(交保密工作机构);

(3)分管领导进行工作布置时严格控制知悉范围的文件签批、会议记录等支撑材料(交保密工作机构);

(4)分管领导进行保密检查和督促整改的支撑材料(如《分管领导检查涉密单位保密工作记录表》等)(交保密工作机构);

(5)能够体现分管领导在科研业务中对保密工作开展提供保障的书面材料(如安防建设、安防设备采购、人员配备等)(交保密工作机构);

(6)能够体现分管领导支持保密工作机构开展工作的书面材料(交保密工作机构)。

2.整理归口管理相关材料

(1)整理科研管理部职责、岗位职责,修订《单位内部机构工作职责情况表》《单位岗位职责情况表》,体现保密工作职责(涉密岗位设置情况不得在网上公开);

(2)收集整理修订工作制度和流程,将保密管理要求融入其中,包括涉密项目(如科研、条保立项等)管理、定密管理、涉密会议管理、外场试验管理、协作配套管理、与科研管理部相关的对外交流的保密审查等;协作配套管理中,要明确界定合同文本和项目密级,并统一制定合格供方名录及有效期;

(3)修订、完善专项制度;

(4)收集、检查、整理《涉密科研项目定密表》(与承担的项目一一对应),明显不规范的要重新填写(密点要具体、依据要清晰、知悉范围要具体到人);更新《科研类涉密事项一览表》和《涉密科研项目清单》,汇总《涉密事项一览表》(交保密工作机构);

(5)整理举办科研成果展览保密审查、审批记录;

(6)整理外场试验清单、涉密会议清单(结合归零,交保密工作机构);

(7)整理《涉密协作配套单位保密能力调查与评价表》《涉密协作配套单位保密协议》《涉密协作配套单位保密监督检查表》等材料,保证资质证明未过期;制定协作配套合格供方名录(包括资质的有效期限);汇总协作配套项目清单等(结合归零,交保密工作机构);

(8)整理科技对外交流、合作谈判的相关保密审查材料;

(9)收集整理与保密工作相关文件的签批单,能够体现与业务同步开展保密工作的相关材料(交保密工作机构)。

3.保密技术工作

(1)涉密信息系统风险评估报告(每半年一次)存入全生命周期档案备查;

(2)接入涉密信息系统的仿真设备,制定专门的安全保密方案(包括负责人、管理方式、自查方法等);

(3)涉密信息系统《涉及国家秘密的信息系统使用许可证》涉及事项发生变化、拓扑结构发生变化时及时报保密工作机构;

(4)"三员"确定为重要涉密人员,须经过国家培训取得证书;"三员"工作须按照工作制度、操作规程开展,并有相关登记记录;

(5)与"三员"签订保密协议。

4.其他准备工作

(1)进行监控室的改造,设置独立的隔离区域;整理保密要害部门、部位相关材料,包括确定、变更(责任人)、撤销,安防设施检查记录,外来人员进入登记与审批等;设置手机存放柜,明确禁止手机带入的区域,不得将手机带入保密要害部门、部位;

(2)整理科学技术部常务副部长年度履职情况报告(交保密工作机构)。

收集整理各项材料的起始时间为×××年××月××日,整理完毕后于××月××日前送交保密工作机构,其他项目的材料留存在本单位的保密工作档案中。除做好上述工作外,还须按照《保密资格认定任务分工表》逐条分解落实。

5. 科研管理制度

(1)定密工作制度

确定军工单位的国家秘密应该遵循《国家秘密及其密级具体范围的规定》,根据军工各行业的国家秘密及其密级具体范围的规定,制定出本单位的《确定国家秘密工作管理规定》《国家秘密及其密级具体范围的实施办法》,明确定密工作组的主要职责、定密责任人的主要职责和权限、密级确定程序、涉密过程文档的管理程序、密级变更的基本程序等规定。

(2)定密工作责任

实施单位、部门、研究所(项目组)三级定密责任人负责制。定密责任人依法开展定密工作,负责国家秘密的确定、变更和解除。

成立定密工作组,组长由分管科研、生产工作单位负责人担任,办公室设在科研、生产部门,工作组成员单位有科研生产部、发展规划部、党政部、保密工作机构。定密工作组的职责:制定、修订《单位国家秘密事项范围细目》;制定、修订《单位涉密事项一览表》;指导各单位开展定密工作;对单位定密工作进行定期检查,改正出现的错误;对定密工作中出现的不明事项,做出确定、变更或解除等决定;组织开展定密工作培训等。

(3)定密责任人

确定单位法人是法定定密责任人,对单位定密工作负总责。法定定密责任人指定下列人员为定密责任人:指定分管科研生产工作的负责人代法定定密责任人行使定密权,并担任定密工作组组长;指定分管业务的其他负责人为单位级定密责任人,负责分管业务范围内的定密工作;指定业务职能单位负责人为单位机关、直属单位定密责任人,负责业务范围内的定密工作;指定涉密研究所(项目组)、负责人、技术负责人或车间主任为涉密项目定密责任人,负责所承担涉密项目的定密工作。

定密责任人的主要工作内容:按照授权范围,审核批准本单位产生的国家秘密的密级、保密期限和知悉范围;根据上级或相关部门通知,及时调整或解除本单位产生的国家秘密事项;对本单位经管的国家秘密事项确定知悉范围;对是否属于国家秘密和属于何种密级不明确的事项先行拟定密级,报定密工作组确定等。

(4)定密依据

定密依据为国家颁布的涉及各行业、各领域的国家秘密及其密级的具体范围;单位编制的国家秘密事项一览表;上级机关或项目甲方下达的指南、合同、协议、说明等。

(5)定密程序

除项目定密、公文定密外,其余定密工作应遵循下列程序。

● 定密程序启动于国家秘密形成的同时,如涉密数据形成时、涉密文件起草时等。

● 承办人提出定密意见。承办人对照定密依据的相关规定,采用"对号入座"的方法,拟定密级、保密期限和知悉范围,并填写涉密文档辑要页,连同确定的涉密载体呈报本机关、单位定密责任人审核。

●定密责任人对承办人拟定国家秘密事项的依据是否正确,所拟定国家秘密事项的密级、保密期限和知悉范围是否准确,所标注的国家秘密标志是否规范、完整等情况进行审核等。同意拟定意见的,签字认可;不同意的,直接予以纠正或者退回承办人重新办理;决定不定密的,明确提出不予定密的意见。

●做出书面记录。对在国家秘密确定过程中形成的涉密文档辑要页与载体共同存档备查。

●国家秘密事项的变更与解除。国家秘密的变更程序:接到上级或相关部门通知,国家秘密的密级、保密期限或者知悉范围发生变化的,经管国家秘密的单位应当将所持有的国家秘密事项进行变更;承办人应向知悉范围内的单位或者人员转发通知;承办人应在国家秘密标志附近加盖变更戳记,标明变更后的密级、保密期限和知悉范围;专、兼职保密员及时更改涉密载体台账。

●解密程序:国家秘密的具体保密期限已满、解密时间已到或者符合解密条件的,接到上级或相关部门通知后,方可履行解密程序。经管国家秘密的单位接到上级单位或相关部门的解密通知后,应当将所持有的国家秘密事项进行解密;承办人应向知悉范围内的单位或者人员转发通知;国家秘密解除后,单位的承办人应当在原纸介质国家秘密标志附近加盖解密戳记、做出解密标志,电子文件国家秘密标志后做解密备注;专、兼职保密员及时变更涉密载体台账。

●定密监督:定密工作组每年对各单位定密及定密责任人履行职责、定密授权等定密制度落实情况进行检查。

6. 涉密会议管理制度

涉密会议管理制度应该遵循"谁主办,谁负责"的原则,规定涉密会议的保密要求,规定涉密会议的申报、审查、审批的制度,规定安全防范的具体措施,对会场场所、人员、设备、涉密载体、安防设施提出明确的要求。涉密会议分为一般涉密会议和重要涉密会议。重要涉密会议是指会议内容或者发放的载体涉及机密级(含)以上国家秘密信息,且参会人数达到50人以上或者参会人数达到100人以上的秘密级会议。

明确涉密会议的专人管理、专项方案、监督检查等要求,明确对参加涉密会议人员身份确认、涉密载体发放及保管、清退及销毁、复制刻录等保密要求等,还包括涉密展览、涉密观摩活动等的保密要求。

7. 协作配套管理制度

协作配套管理制度规定科研外协、生产外协的保密管理流程;规定保密管理程序和要求;明确与外协单位的保密协议书或保密承诺的签署(外协单位必须具备保密资质),以及对协作配套活动中的人员、设备、涉密计算机及载体的保密要求;规定保密监督和检查的具体要求,包括外协单位发生泄密事件的追究责任等。

在协作配套合同签订、合同履行和合同文本中,必须严格控制项目背景、用途等涉密内容。如必须协同外单位一起完成涉及秘密事项的研究内容,协作方必须具备相应保密资格。

8.外场试验管理制度

外场试验管理制度应该对涉密外场试验活动的工作程序提出具体要求,对外场试验的涉密类型进行判定,明确牵头单位应制定保密工作专项方案的要求,明确规定人员的保密教育,明确涉密设备、密品、载体的保密要求,明确通信管理的保密要求等。

9.专项制度

专项制度是针对重大涉密工程或项目制定的专项保密工作方案,一般由军工业务主管部门牵头负责。重大涉密工程或项目的涉密程度高、研制周期长、涉及人员多。制定专项制度,落实保密工作领导和保密组织,落实保密措施。也可以把保密工作应急处置方案放入此类中。

制度部分的现场审查重点除了查看制度是否联系实际、是否有操作性、是否履行监督考核和奖惩之外,还应关注单位制定保密制度是否覆盖《标准》的基本要求,是否分别具备基本制度、专项制度、业务制度,了解涉密人员对单位制度的熟悉程度,检查单位履行制度的实际情况等。

(三)人力资源部

1.收集整理单位领导责任相关材料

(1)收集整理修订工作制度和流程,将保密管理要求融入其中(如涉密岗位设定,涉密人员资格审查、出境审批、保密教育培训、人员考核、保密补贴、离岗审查等);整理人力资源部保密工作职责材料提供给分管领导,以备现场审查专家提问时使用;

(2)分管领导对人力资源部业务范围内的保密工作重点、难点问题进行研究和部署的会议记录、文件批示等支撑材料(交保密工作机构);

(3)分管领导进行工作布置时严格控制知悉范围的文件签批、会议记录等支撑材料(交保密工作机构);

(4)分管领导进行保密检查和督促整改的支撑材料(如《分管领导检查涉密单位保密工作记录表》等)(交保密工作机构);

(5)能够体现分管领导在人力资源部业务中,对保密工作开展提供保障的书面材料(如安防建设、安防设备采购、人员配备等)(交保密工作机构);

(6)能够体现分管领导支持保密工作机构开展工作的书面材料(如保密工作机构人员的业务培训)(交保密工作机构)。

2.整理归口管理相关材料

(1)整理人力资源部职责、岗位职责,修订《单位内部机构工作职责情况表》《单位岗位职责情况表》,体现保密工作职责(涉密岗位设置情况不得在网上公开);

(2)修订涉密人员管理实施细则、保密奖惩及责任考核规定(其中保密工作机构处罚依照《保密检查及责任追究办法》执行);

(3)整理涉密岗位汇总表(包含涉密岗位职责)和涉密人员汇总表(交保密工作机构);

(4)整理涉密人员档案(上岗、在岗、离岗);

(5)整理保密补贴发放情况材料(包括机关、学院);

(6)整理保密教育培训情况材料(如培训记录、各涉密单位学时汇总等);

（7）整理涉密人员因私护照管理相关材料(如报备记录、涉密人员因私护照、回访记录，核对审批与签证记录等)；

（8）××××年××月××日前，重新审核核心涉密人员；

（9）在业绩津贴考核中明确体现保密工作量；

（10）制定《计算机安全保密员汇总表》，组织各单位上报；

（11）收集整理与保密工作相关文件的签批单，能够体现与业务同步开展保密工作的相关材料(交保密工作机构)。

3. 其他准备工作

整理人力资源部部长年度履职情况报告(交保密工作机构)。

收集整理各项材料的起始时间为××××年××月××日，整理完毕后于××月××日前送交保密工作机构，其他项目的材料留存在本单位的保密工作档案中。除做好上述工作外，还须按照《保密资格认定任务分工表》逐条分解落实。

4. 涉密人员管理制度

涉密人员管理制度的内容包括涉密岗位的界定、涉密人员的界定的具体标准、对涉密人员进行审查和管理的具体办法(包括涉密人员的权利和义务，涉密人员的管理规定，实行保密补贴的规定，工勤物业保安人员的管理制度，涉密人员的责任书、承诺书等)。

在制度中明确界定涉密岗位时根据"涉密层次、涉密密级、涉密幅度、涉密数量、涉密时效"的要素来确定，即在界定涉密岗位和涉密人员时应根据其接触涉密程度是否深、涉密事项是否多、涉密期限是否长来确认。同时还应该明确界定涉密岗位的程序，涉密人员界定的程序。《涉密岗位审定表》通常设置涉密岗位名称、涉密岗位类型、涉密等级、定密依据、涉密岗位定员情况等项内容。

在涉密人员的管理方面应该有涉密人员上岗、在岗、离岗、因私出国(境)、脱密期等的各项保密管理规定，还应该有涉密人员保密补贴考核发放的管理办法。设置《涉密人员资格审查表》《涉密人员审定表》《涉密人员岗位和密级变更审批表》《保密补贴考核发放表》，以及《涉密人员保密责任书》《涉密人员保密承诺书》《涉密人员保密提醒书》等与制度文本配套。

《涉密岗位审定表》分为两部分内容：第一部分是岗位设置的基本情况，包括岗位类别、名称、性质、涉密等级、岗位职责；第二部分是组织方面三级审查意见的填写，包括部门的意见、保密工作机构的意见和人力资源部的意见。

《涉密人员资格审查表》分为两部分内容：首先是个人部分，应该由具备拟进入涉密岗位人员本人填写个人、家庭及主要社会关系情况(特别标明国别与所在机构名称)及工作简历；其次是组织部分，即三级审查意见的填写。三级审查，一是拟进入涉密岗位人员所在部门的审查，该部门要对拟进入涉密岗位人员的个人基本状况、学习和工作简历、政治表现等进行描述，部门领导签署是否同意其进入涉密岗位的意见，体现"业务工作谁主管，保密工作谁负责"的原则。填写部门意见，如"该同志在政治上与党中央保持一致，遵守党纪国法和单位的保密制度，业务上爱岗敬业……拟同意该同志为涉密人员并承担涉密事项"等。二是保密工作机构的审查意见，如"接受保密知识培训、上岗保密教育以及签订《涉密人员保密承诺书》情况已符合要求，同意该同志进入涉密岗位，按照涉密人员进行管理"。三是由人力资源部对拟进入涉密岗位人员的政治历史情况即政审情况出具意见,即人力资源部领导对拟进入涉密岗位人员的政审合格与否和现实表现是否符合进入涉密岗位条件出具审核意见,如"经审查,该同志及配偶、子女情况符合任(聘)用到涉密岗位要求,拟同意进入涉密岗位"的审核意见。

《涉密人员岗位和密级变更审批表》应该填写变更的岗位、人员、类型、变更前的涉密等级、变更依据、变更项目(撤销、降低、提高)、部门的意见等,保密工作机构和人力资源部审查审批后备案。

《保密补贴考核发放表》要注意表格中按月考核情况的如实填写。

《涉密人员保密责任书》应该明确涉密人员部门、姓名、签订人员的涉密岗位、涉密等级。开头部分先明确甲乙双方的名称、姓名;正文部分应该阐述责任书的法律依据,然后是甲方的权利和义务、乙方的权利和义务、保密期限、违约责任、争议解决的办法、附则等,最后是甲方保密委员会签字盖章与签署时间,乙方个人的签名、身份证号码和签署时间等。

(1)甲方权利和义务

甲方对乙方进行保密教育,使乙方知悉与其工作业务有关的保密管理规章制度;甲方负责为乙方提供相适应的保密工作环境;甲方负责对乙方不宜公开的保密成果做出评价,不因保密事项影响乙方的评奖、表彰以及岗位聘任;甲方负责对乙方执行保密法规情况进行监督检查,并决定给予奖励或处罚;甲方给予乙方保密补贴的考核发放;甲方要求乙方离开涉密岗位后向甲方清退涉密物品、移动存储介质(磁介质、纸介质等)、保密本和其他有效证件等。

(2)乙方的权利

①依据相关法规,掌握、知悉、管理其职责和业务范围内相应等级国家秘密的权利;

②参加与本职工作有关的相应等级涉密会议、科技交流、展览等涉密活动的权利;

③进入与本职工作有关的相应等级涉密场所的权利;

④按照单位相应管理规定,享受相应等级的涉密人员保密补贴;

⑤涉密人员应享有的其他法定权利。

(3)乙方的义务

①保守国家秘密,不以任何形式泄露所掌握、知悉、管理的国家秘密;

②遵守《中华人民共和国保守国家秘密法》和上级机关、本单位制定颁发的各项保密制度、规定;严格遵守和履行《涉密人员保密守则》;

③自觉接受各级保密工作机构的监督和管理;

④学习保密知识,提高保密技能,积极参加有关部门组织的保密教育、培训;

⑤发现泄密隐患和发生泄密事件,立即向中心保密工作机构报告,及时采取补救措施,并协助、配合有关部门进行查处。

(4)保密期限

属于国家秘密的保密期限按照国家秘密产生单位规定的期限执行;对于其他秘密信息,乙方同意承担无期限的保密义务,除非上述秘密信息被甲方公开或甲方同意公开,乙方对公开部分不再承担保密义务。

（5）违约责任

甲方违反责任书协议,乙方可向甲方的上级机关申诉,由甲方的上级机关裁定;乙方在岗期间或离岗后(含擅自脱离所在部门管理的)违反责任书协议,乙方应当承担由此给甲方造成的一切直接或间接损失,甲方将根据单位有关规定给予相应的经济处罚,并追究其相应的行政和法律责任。

（6）争议解决的办法

因履行责任书协议而发生的争议,可以由双方协商解决,或者共同委托双方信任的第三者协调解决。协商、调解不成的或者一方不愿协商调解的,任何一方可直接在甲方所在地法院提起诉讼。

（7）附则部分

说明责任书协议要经甲乙双方签字盖章后生效,并说明责任书协议份数(甲乙双方各自持有文本)和具有法律效力。

（8）落款部分

由甲方代表、乙方涉密人员签字盖章,签署时间等。

《对外科技交流保密义务承诺书》的内容应该注明参加对外科技交流活动的时间、国家或地区、活动的名称,然后列出相关需要承诺事项的条款,例如,在对外科技交流合作中不得涉及国家秘密;对确需提供国家秘密的要按国家有关规定办理审批手续,并要求对方承担保密义务的条款;携带涉密计算机和存储介质外出审查审批的原则;不得在公开场所谈论国家秘密、不得明码密传、注意防窃听窃密、在国(境)外遇异常情况下的紧急避险措施并向我使馆报告;不随便索要对方内部资料;发现泄密问题立即采取补救措施并及时向我驻外使(领)馆或单位保密工作机构报告等。在承诺书的结尾应签署承诺人姓名、承诺日期等。

工勤物业保安人员保密管理:对工勤物业保安人员要纳入保密管理的视线。保密工作机构应会同用人单位(部门)将此类人员基本情况填表登记,包括注明身份证号码、联系方式等。使用单位要对其个人及家庭情况进行了解,注意有无前科劣迹,聘用部门签署意见,并请原单位或街道委员会、派出所、保安公司、村委会等出具无犯罪记录的证明,将身份证复印件一并交保密工作机构存档,同时填写《工勤物业保安人员保密承诺书》。

《工勤物业保安人员保密承诺书》的内容包括遵守所在单位的保密管理规定,履行保密义务和责任,不该看的不看,不该说的不说,接受保密教育和监督检查,发现可疑情况及时报告,进入涉密场所须经使用单位负责人、保密工作机构同意后两人同时进入,不以任何方式向外透露单位涉密事项,违者接受法律惩处等方面的承诺。单位和个人各自存放《工勤物业保安人员保密承诺书》,此承诺书具有法律效力。最后由工勤物业保安人员签名、签时间等。

《涉密人员脱密期保密承诺书》的内容应该包括承诺在脱密期间,继续遵守党和国家及单位有关涉密人员的保密管理规定,对在原涉密岗位期间所掌握、知悉、管理的国家秘密按规定的时限继续承担保密责任;脱密期间不再以任何形式和途径接触原单位的国家秘密;脱密期解除后,继续履行国家有关法律法规赋予的保守国家秘密的义务;若未履行该承诺书的内容,则接受法律制裁等。在承诺书的结尾应签署承诺人姓名、承诺日期等。

《涉密人员脱密期通知书》的内容应该包括通知脱密人员所在部门(单位)脱密人员姓名、脱密时间期限,敦促部门(单位)负责脱密人员在脱密期间自觉遵守部门(单位)有关涉密人员管理的各项规章制度,保守担负涉密工作期间所掌握、知悉、管理的国家秘密,禁止以任何形式再次接触国家秘密,脱密期届满,脱密期自行解除。最后单位保密委员会落款盖章,并一式两份,单位和脱密人员所在部门各持一份。如需委托的还要制定《涉密人员脱密期间管理委托书》,期满后的《涉密人员脱密期满通知书》等。

5.保密教育制度

保密教育制度制定的要素应该包括保密教育的目的、主要内容、宣传教育工作的职责划分、培训的方式、学时的规定等。各单位根据国家有关保密法律法规和《标准》,结合本单位实际来制定保密教育制度。

(1)保密教育的目的

保密教育的目的是通过对涉密人员的保密知识、技能的教育和培训,提高涉密人员的保密意识和保密技能,掌握必要的保密防范措施,熟知上岗、在岗、离岗等环节的管理要求,树立"国家利益高于一切,保密工作从我做起"的意识,完善单位各项保密管理,确保国家秘密的安全,确保科研生产的安全。

(2)保密宣传教育的主要内容

①党和国家有关保密工作的路线、方针、政策;

②国家的保密法律法规和上级保密管理工作部门的有关规定,《标准》和《评分标准》;

③单位各项保密管理工作规章制度;

④保密管理工作的基本知识;

⑤保密范围、密级确定、密级变更、解密知识;

⑥保密技术防范知识以及措施;

⑦计算机信息系统、存储介质及办公自动化设备安全保密知识和防范措施;

⑧保密工作与反窃密斗争形势;

⑨保密工作先进事迹和泄密事件典型案例的宣传教育;

⑩上级保密主管机关安排的其他保密宣传教育内容。

(3)宣传教育工作的职责划分

主要明确单位保密委员会、保密工作机构、人力资源部、各相关部门的培训教育职能并进行职责划分。

(4)培训的方式

①举办培训班、学习班、授课辅导讲座;

②组织保密知识答卷(开卷、闭卷);

③开展保密知识竞赛或抢答赛;

④组织参观保密教育展览;

⑤不定期召开专题保密工作会议;

⑥收看保密教育影碟片;

⑦组织保密论文写作和发布;

⑧组织警言、警句及屏保警示创作。

（5）培训学时

按照《标准》要求，保密认定单位的培训每年不少于 15 学时。

6. 宣传报道保密管理制度

宣传报道保密管理制度应该包括宣传报道保密管理的制度规定，即宣传报道保密管理方针、原则，保密审查的范围，宣传报道保密审查的内容、程序，宣传报道记录内容，内网、互联网，科技论文、摄影摄像（附审批表格应该注明内容、用途、密级、拍摄时间和地点，专题片的还应该有解说词文本归档号、工作程序和要求、音像制品的存放要求等）等各项宣传报道的管理规定。

7. 考核与奖惩制度

考核与奖惩制度应该明确责任考核的主要内容及奖惩的具体办法。保密奖惩工作遵循实事求是、客观公正、标准明确、奖罚分明的原则。保密奖励事项要明确表彰奖励的种类和范围，对单位部门和个人应分别列出奖励条件、评选的程序及办法、评选活动的时限及批准权限等。

保密处罚事项要明确处罚事项的内容、种类、处罚批准权限、实施办法，特别应该注意，要列出违法国家法律法规、违反单位保密管理制度的较为详细具体的处罚事项的条目，以便于操作；明确处罚的依据、对发生泄密案的单位年度评优一票否决制的规定；明确触犯法律追究刑事责任和单位党政处罚、经济处罚的有关规定等。

（四）信息化部

1. 收集整理单位领导责任相关材料

（1）整理信息化部保密工作职责材料并提供给分管领导，以备现场审查专家提问时使用；

（2）分管领导对信息化部业务范围内的保密工作重点、难点问题进行研究和部署的会议记录、文件批示等支撑材料（交保密工作机构）；

（3）分管领导进行工作布置时严格控制知悉范围的文件签批、会议记录等支撑材料（交保密工作机构）；

（4）分管领导进行保密检查和督促整改的支撑材料（如《分管领导检查涉密单位保密工作记录表》等）（交保密工作机构）；

（5）能够体现分管领导在信息化部业务中，对保密工作开展提供保障的书面材料（如安防建设、安防设备采购、人员配备等）（交保密工作机构）；

（6）能够体现分管领导支持保密工作机构开展工作的书面材料（交保密工作机构）。

2. 整理归口管理相关材料

（1）整理信息化部职责、岗位职责，修订《单位内部机构工作职责情况表》《单位岗位职责情况表》，体现保密工作职责（涉密岗位设置情况不得在网上公开）；

（2）修订单位信息系统、信息设备和存储设备的制度、策略、流程、操作规程，建立信息安全保密管理体系文件；

（3）汇总全单位信息系统、信息设备和存储设备的台账；

（4）收集整理由信息化部审批的信息系统、信息设备和存储设备档案（包括确定、变更、

维修、报废等相关材料);

(5)根据单位上报审计报告的汇总形成单位整体涉密计算机安全审计报告、风险评估报告;

(6)签发单位涉密计算机软件白名单;

(7)建立互联网接入终端审批和登记制度,并设置管理人员;

(8)对互联网接入口采取符合规定的防护监管技术措施;

(9)采取管理和技术措施对互联网上网行为进行监控审计;

(10)保障非法外联报警服务器正常运行;

(11)收集整理与保密工作相关文件的签批单,能够体现与业务同步开展保密工作的相关材料(交保密工作机构)。

3.其他准备工作

整理信息化部部长年度履职情况报告(交保密工作机构)。

收集整理各项材料的起始时间为×××年××月××日,整理完毕后于××月××日前送交保密工作机构,其他项目的材料留存在本单位的保密工作档案中。除做好上述工作外,还须按照《保密资格认定任务分工表》逐条分解落实。

4.信息系统、信息设备和存储设备管理制度

信息系统是指基于计算机和计算机网络按照一定的应用目标和规则对信息进行采集、加工、存储、传输、检索等处理的人机系统。信息系统由软件、硬件、操作人员及系统所承载的信息部分组成。软件包括计算机系统软件、网络软件和应用软件等,这些软件对系统硬件进行管理并为其按需求进行信息处理等应用提供必要的支持;硬件包括计算机硬件、网络硬件及其配套硬件设备等,是信息的载体和信息系统的基础;人是信息系统最终使用者,也是信息系统整个生命周期中,如规划设计、建设实施、运行维护等过程中的参与者和管理者,人的因素是保证信息系统正常工作的不可缺少的重要部分。

按照信息安全与保密的需求,从管理(平台)、技术(产品)、运行(服务)三个层面拟定制度。管理类控制措施侧重从安全策略、管理制度、法律法规,以及根据这些需要开发出来的各种审计平台、综合安全管理平台等方面来实现所需要的安全功能;技术类控制措施的具体表现就是选择相应的信息安全产品来实现所需的安全功能;运行类控制措施的具体表现即专业的安全服务,包括日常管理、监控、维护、检测、加固、优化、审计、应急、恢复等。

信息系统、信息设备和存储设备包括应用系统、服务器、计算机、网络设备、外部设施设备、存储介质、办公自动化设备、声像设备、安全密品等。

信息系统、信息设备和存储设备的管理制度分为涉密和非涉密两大类。涉密信息系统是指经过国家保密工作机构审批确定的,用于存储、处理、传输国家秘密信息的计算机网络系统,其他信息系统为非涉密信息系统。为了防止泄密、窃密和破坏,涉密信息系统的安全保密要求做到对计算机信息系统及其所存储的信息、相关的环境和安全密品进行安全保护,确保以电磁信号为主要形式的信息在产生、存储、传递和处理等过程中的保密性、完整性、可用性和抗抵赖性。非涉密计算机包括单位使用的内部工作机、非涉密中间机、互联网机等。

涉密信息设备和涉密存储设备是指用于存储、处理、传输国家秘密信息的设备,其他设

备为非涉密信息设备和非涉密存储设备。

（1）涉密信息系统保密管理制度的拟制中，在总则部分应明确制度制定的依据，即制度遵从国家和有关部门的法律法规；写明制度的对象是指与计算机（涉密与非涉密）及其相关配套设备、设施（包括单机、网络、外设等）采集、存储、处理、传输、检索等处理的人机系统；明确计算机信息系统环境的安全保密工作实行"积极防范、突出重点、严格管理、分级负责、责任到人"的原则；明确中止项和加重扣分项；明确涉密信息系统的"三员"管理职能；明确保密工作机构、信息化部的各自保密管理职能，规定信息系统、信息设备和存储设备的具体管理制度。例如，按照"谁使用，谁负责"的原则，实行实名领用原则；按照《保密资格认定标准》的要求，对各部门申报计算机性能状况、环境状况、安全保密防护和管理措施进行自检、审核的规定；对涉密计算机建立台账，统一编号、标定密级和粘贴标志等；明确信息交换的有关具体规定（如信息中间交换机内部的输入输出和外部的输入输出，涉密计算机的密级变更、维修和报废规定，奖惩规定等）。也就是说，建立涉密计算机、涉密交换机、涉密存储介质、涉密外部设备、中间机的管理台账和管理办法，以及对其收发、使用、复制、维修、销毁进行全生命周期全过程的控制的有关规定。

（2）便携式涉密计算机保密管理规定除了严格执行台式计算机的保密管理规定外，还应该做出便携式计算机的特殊管理规定，例如，拆除各类无线网卡对应硬件设备无线联网功能硬件模块，无法拆除的计算机禁止作为涉密计算机和信息系统的用户终端；在涉密计算机和信息系统中禁止使用红外、蓝牙（如无线键盘、无线鼠标）等无线连接设备；涉密便携式计算机内一般不得存储涉密信息，确实需要的应经单位保密委员会批准，并规定将该涉密便携式计算机作为密品管理，不使用时存放在密码保险柜中等；外出携带审查、审批的规定；维修、报废的规定；安全检查和奖惩制度等。特别要明确外出携带时审查、审批的保密要求，履行相关手续的具体规定，可以在制度文本中制定《涉密便携式计算机或移动存储介质外出提醒书》。

（3）绝密级计算机管理的制度首先应当根据绝密级计算机的物理安全和电磁环境的需要来制定，绝密级计算机的首选配置应是经过国家保密测评认定的专用辐射泄漏发射防护的计算机。若使用普通计算机，首先必须考虑屏蔽问题，即要求放置在符合安全距离要求的屏蔽室内使用（或屏蔽机柜、屏蔽帐篷等）；其次要规定严格控制对绝密计算机的使用，安装监控审计系统及对数据接口监控和对使用情况进行审计；最后还应该规定绝密级的信息存储应当采取密码保护（国家普密以上加密算法和密钥进行加密存储、传输）措施等。

（4）非涉密计算机的使用管理制度应该明确对单位内部使用的不上互联网也不涉密的非涉密工作机也要建立台账，摸清底数，同样遵循"谁使用，谁负责"的原则，要有统一编号，并粘贴非涉密标志。

在制度中明确非涉密机严禁涉密，规定好信息交换的管理办法；明确各级责任制，明确安全操作制度、安全检查制度等。同时编制上互联网的保密承诺书，承诺上互联网发布信息时绝不涉密，如出现违反承诺事项，则承担法律责任。

（5）互联网计算机的管理，要有独立的管理制度，注意开通前的审批，注意明确物理隔离和逻辑隔离的措施，注意明确"谁上网，谁负责；谁批准，谁负责"的原则，《标准》规定在互联网计算机上处理和存储涉密信息的，中止审查或复查；在制度中应明确规定禁止违规外联,明确上网登记和发布信息的审查、审批等管理要求。

(6)移动存储介质的管理制度,应该明确制度制定的依据、移动存储介质的定义,对移动存储介质要分门别类地建立台账和粘贴标志的规定,对各种不同标志的移动存储介质功能的区分要有规定,对移动存储介质的配置、使用、保管、维修、报废、销毁要有具体的规定,对外出携带存储介质的有关规定,中间介质(光盘、U盘)的使用规定,移动存储介质密级变更审批的规定等。移动存储介质是最容易出现泄密隐患的环节,务必在制度的拟定上严格按《标准》要求制定。

随着科技的进步,信息设备在各军工单位的应用越来越普遍,管理不到位就容易出问题,是保密管理的重要防范环节。因此,这项制度应该明确办公自动化设备的定义及范围,规定具体使用办公自动化设备的保密要求和管理规定,包括建立台账、统一管理、责任到人、专人管理;重要场所禁止使用无线通信设备,禁止使用具有无线互联功能的设备处理涉密信息;涉密办公自动化设备的维修和报废处理要符合有关规定等。

在此类制度中还应该把手机保密管理规定、摄影摄像保密管理规定等纳入其中。

(五)发展规划部

1.收集整理单位领导责任相关材料

(1)收集整理修订工作制度和流程,将保密管理要求融入其中(如条保项目管理、定密管理等);整理本部保密工作职责材料并提供给分管领导,以备现场审查专家提问时使用;

(2)分管领导对发展规划业务范围内的保密工作重点、难点问题进行研究和部署的会议记录、文件批示等支撑材料(交保密工作机构);

(3)分管领导进行工作布置时严格控制知悉范围的文件签批、会议记录等支撑材料(交保密工作机构);

(4)分管领导进行保密检查和督促整改的支撑材料(如《如分管领导检查涉密单位保密工作记录表》等)(交保密工作机构);

(5)能够体现分管领导在发展规划部业务中,对保密工作开展提供保障的书面材料(如安防建设、安防设备采购、人员配备等)(交保密工作机构);

(6)能够体现分管领导支持保密工作机构开展工作的书面材料(交保密工作机构)。

2.整理归口管理相关材料

(1)整理发展规划部职责、岗位职责,修订《单位内部机构工作职责情况表》《单位岗位职责情况表》,体现保密工作职责(涉密岗位设置情况不得在网上公开);

(2)修订条保项目保密管理办法,明确条保项目的定密内容;

(3)更新《建设类涉密事项一览表》(交科学技术部);

(4)收集整理与保密工作相关文件的签批单,能够体现与业务同步开展保密工作的相关材料(交保密工作机构)。

3.其他准备工作

(1)整理保密要害部门、部位的相关材料,包括确定、变更(责任人)、撤销,安防设施检查记录,外来人员进入登记与审批等;

(2)整理发展规划部部长年度履职情况报告(交保密工作机构)。

收集整理各项材料的起始时间为××××年××月××日,整理完毕后于××月××日前送交保密工作机构,其他项目的材料留存在本单位的保密工作档案中。除做好上述工作外,还须按照《保密资格认定任务分工表》逐条分解落实。

(六)国际交流与合作部

1. 收集整理单位领导责任相关材料

(1)收集整理修订工作制度和流程,将保密管理要求融入其中(如涉外活动管理、涉密人员因公出国等);整理本部保密工作职责材料并提供给分管领导,以备现场审查专家提问时使用;

(2)分管领导对本部业务范围内的保密工作重点、难点问题进行研究和部署的会议记录、文件批示等支撑材料(交保密工作机构);

(3)分管领导进行工作布置时严格控制知悉范围的文件签批、会议记录等支撑材料(交保密工作机构);

(4)分管领导进行保密检查和督促整改的支撑材料(如《分管领导检查涉密单位保密工作记录表》等)(交保密工作机构);

(5)能够体现分管领导在国际交流与合作部业务中,对保密工作开展提供保障的书面材料(如安防建设、安防设备采购、人员配备等)(交保密工作机构);

(6)能够体现分管领导支持保密工作机构开展工作的书面材料(交保密工作机构)。

2. 整理归口管理相关材料

(1)整理国际交流与合作部职责、岗位职责,修订《单位内部机构工作职责情况表》《单位岗位职责情况表》,体现保密工作职责(涉密岗位设置情况不得在网上公开);

(2)修订涉外活动保密管理办法,完善应急预案和工作方案内容;

(3)收集整理涉外活动工作方案;

(4)整理涉密人员因公护照、行前教育记录、回访记录等材料;

(5)整理涉外活动管理的行前教育记录等相关材料;

(6)收集整理与保密工作相关文件的签批单,能够体现与业务同步开展保密工作的相关材料(交保密工作机构)。

3. 其他准备工作

整理国际交流与合作部部长年度履职情况报告(交保密工作机构)。

收集整理各项材料的起始时间为××××年××月××日,整理完毕后于××月××日前送交保密工作机构,其他项目的材料留存在本单位的保密工作档案中。除做好上述工作外,还须按照《保密资格认定任务分工表》逐条分解落实。

4. 涉外活动管理制度

涉外活动管理制度应该明确本单位有哪些涉外部门、部位,明确涉外保密工作应坚持积极防范,内外有别,既确保国家秘密安全,又有利于涉外工作的原则;明确涉外工作的程序和要求,明确审批和具体实施的要求;规定涉密载体出国(境)保密要求、军贸技术产品出口的保密规定;涉外合同签订的保密要求;民品出口的保密事项;进口设备器材保密管理事项;秘密渠道进口技术和智力引进的保密事项;泄密事件处理和日常工作记录等规定。

（七）宣传部

1. 收集整理单位领导责任相关材料

（1）收集整理修订工作制度和流程，将保密管理要求融入其中（如《工学周报》、电视台、工学新闻网等信息公开的保密审查，普法宣传、中心组学习等环节提出明确要求等）；整理本单位保密工作职责材料并提供给分管领导，以备现场审查专家提问时使用；

（2）分管领导对本单位业务范围内的保密工作重点、难点问题进行研究和部署的会议记录、文件批示等支撑材料（交保密工作机构）；

（3）分管领导进行工作布置时严格控制知悉范围的文件签批、会议记录等支撑材料（交保密工作机构）；

（4）分管领导进行保密检查和督促整改的支撑材料（如《分管领导检查涉密单位保密工作记录表》等）（交保密工作机构）；

（5）能够体现分管领导在宣传部业务中，对保密工作开展提供保障的书面材料（如安防建设、安防设备采购、人员配备等）（交保密工作机构）；

（6）能够体现分管领导支持保密工作机构开展工作的书面材料（交保密工作机构）。

2. 整理归口管理相关材料

（1）整理宣传部职责、岗位职责，修订《单位内部机构工作职责情况表》《单位岗位职责情况表》，体现保密工作职责（涉密岗位设置情况不得在网上公开）；

（2）修订新闻宣传保密管理办法；

（3）收集整理《工学周报》、电视台、工学新闻网等信息公开的保密审查材料，普法宣传、中心组学习等环节提出明确要求的记录；

（4）收集整理与保密工作相关文件的签批单，能够体现与业务同步开展保密工作的相关材料（交保密工作机构）。

3. 其他准备工作

整理宣传部部长年度履职情况报告（交保密工作机构）。

收集整理各项材料的起始时间为×××年××月××日，整理完毕后于××月××日前送交保密工作机构，其他项目的材料留存在本单位的保密工作档案中。除做好上述工作外，还须按照《保密资格认定任务分工表》逐条分解落实。

4. 新闻宣传管理制度

新闻宣传管理制度应当按照"业务工作谁主管、保密工作谁负责"的原则，落实"统一领导、归口管理、分级负责、责任到人"的管理体制。其管理职责如下。

（1）党委宣传部为单位新闻宣传保密管理主管单位，其主要负责：根据单位新闻宣传工作特点及实际，会同保密工作机构组织制定新闻宣传保密管理制度，并参与组织实施；负责单位内部媒体、对外媒体及新媒体宣传报道、媒体采访等活动保密审查，并履行业务相关审批职责；组织单位新闻宣传从业人员进行保密教育培训；参与组织单位新闻宣传保密工作的监督检查；

（2）保密工作机构为单位新闻宣传保密管理监督指导单位，其主要负责：组织贯彻上级部门有关新闻宣传保密工作的部署和要求；指导制定单位新闻宣传保密管理制度；监督检查单位各部门及个人新闻宣传保密管理工作的落实情况;配合有关部门查处单位新闻宣传泄密事件,对有关责任人提出处理建议;组织对涉密界限不清信息审核认定;

(3)各部门是单位新闻宣传工作的主体,负责本部门的新闻宣传保密管理,其主要负责:贯彻落实单位新闻宣传保密管理制度和工作要求,建立本部门保密责任体系,明确新闻宣传相关业务岗位保密职责,指定专人负责对外宣传、信息发布工作;确定本部门新闻宣传审查范围、要求和流程;组织对本部门主办的网站、微博、微信,编撰出版的刊物,涉及武器装备科研生产事项的论文著作发表,拟开展或参与的涉密宣传展览展示的展板制作,以及所辖涉密场所来访、参观等事项进行保密审查;监督检查本部门新闻宣传保密制度措施执行情况,并落实工作考核;

(4)各分管领导对分管业务内新闻宣传保密管理工作负直接领导责任,各部门负责人是本单位新闻宣传保密工作第一责任人,部门从事新闻宣传的专、兼职人员,各项目组负责人及其他个人对本职岗位新闻宣传保密工作负责。

(八)安全保卫部

1. 收集整理单位领导责任相关材料

(1)收集整理修订工作制度和流程,将保密管理要求融入其中(如反间防谍,保密要害部门、部位安全防卫,110报警中心应急处置等);整理本部保密工作职责材料并提供给分管领导,以备现场审查专家提问时使用;

(2)分管领导对本部业务范围内的保密工作重点、难点问题进行研究和部署的会议记录、文件批示等支撑材料(交保密工作机构);

(3)分管领导进行工作布置时严格控制知悉范围的文件签批、会议记录等支撑材料(交保密工作机构);

(4)分管领导进行保密检查和督促整改的支撑材料(如《分管领导检查涉密单位保密工作记录表》等)(交保密工作机构);

(5)能够体现分管领导在安全保卫部业务中,对保密工作开展提供保障的书面材料(如安防建设、安防设备采购、人员配备等)(交保密工作机构);

(6)能够体现分管领导支持保密工作机构开展工作的书面材料(交保密工作机构)。

2. 整理归口管理相关材料

(1)整理安全保卫部职责、岗位职责,修订《单位内部机构工作职责情况表》《单位岗位职责情况表》,体现保密工作职责(涉密岗位设置情况不得在网上公开);

(2)修订报警中心应急处置流程,门卫、110报警中心值班人员岗位职责,并组织相关人员开展业务培训;

(3)整理检查保密要害部门、部位安防报警设施记录,对报警中心和门卫的培训记录,对110报警中心人员履职情况的监督检查记录(110报警中心内部值守情况的监控录像要保证完整);

(4)收集整理与保密工作相关文件的签批单,能够体现与业务同步开展保密工作的相关材料(交保密工作机构)。

3.其他准备工作

整理安全保卫部部长年度履职情况报告(交保密工作机构)。

收集整理各项材料的起始时间为××××年××月××日,整理完毕后于××月××日前送交保密工作机构,其他项目的材料留存在本单位的保密工作档案中。除做好上述工作外,还须按照《保密资格认定任务分工表》逐条分解落实。

(九)组织部

1.收集整理单位领导责任相关材料

(1)收集整理修订工作制度和流程,将保密管理要求融入其中;整理本单位保密工作职责材料并提供给分管领导,以备现场审查专家提问时使用;

(2)分管领导对本部业务范围内的保密工作重点、难点问题进行研究和部署的会议记录、文件批示等支撑材料(交保密工作机构);

(3)分管领导进行工作布置时严格控制知悉范围的文件签批、会议记录等支撑材料(交保密工作机构);

(4)分管领导进行保密检查和督促整改的支撑材料(如《分管领导检查涉密单位保密工作记录表》等)(交保密工作机构);

(5)能够体现分管领导在组织部业务中,对保密工作开展提供保障的书面材料(如安防建设、安防设备采购、人员配备等)(交保密工作机构);

(6)能够体现分管领导支持保密工作机构开展工作的书面材料(交保密工作机构)。

2.整理归口管理相关材料

(1)整理组织部职责、岗位职责,修订《单位内部机构工作职责情况表》《单位岗位职责情况表》,体现保密工作职责(涉密岗位设置情况不得在网上公开);

(2)整理《处级干部年度考核登记表》,体现对保密履职的考核;

(3)收集整理体现党建工作和保密工作"五同时"的相关材料;

(4)收集整理与保密工作相关文件的签批单,能够体现与业务同步开展保密工作的相关材料(交保密工作机构)。

3.其他准备工作

整理组织部部长年度履职情况报告(交保密工作机构)。

收集整理各项材料的起始时间为××××年××月××日,整理完毕后于××月××日前送交保密工作机构,其他项目的材料留存在本单位的保密工作档案中。除做好上述工作外,还须按照《保密资格认定任务分工表》逐条分解落实。

(十)财务部

1.收集整理单位领导责任相关材料

(1)收集整理修订工作制度和流程,将保密管理要求融入其中;整理本部保密工作职责材料提供给分管领导,以备现场审查专家提问时使用;

(2)分管领导对本部业务范围内的保密工作重点、难点问题进行研究和部署的会议记录、文件批示等支撑材料(交保密工作机构);

(3)分管领导进行工作布置时严格控制知悉范围的文件签批、会议记录等支撑材料(交保密工作机构);

(4)分管领导进行保密检查和督促整改的支撑材料(如《分管领导检查涉密单位保密工作记录表》等)(交保密工作机构);

(5)能够体现分管领导在财务部业务中,对保密工作开展提供保障的书面材料(如安防建设、安防设备采购、人员配备等)(交保密工作机构);

(6)能够体现分管领导支持保密工作机构开展工作的书面材料(交保密工作机构)。

2. 整理归口管理相关材料

(1)整理财务部职责、岗位职责,修订《单位内部机构工作职责情况表》《单位岗位职责情况表》,体现保密工作职责(涉密岗位设置情况不得在网上公开);

(2)整理保密工作预算、支出经费等相关支撑材料(交保密工作机构);

(3)整理年度财务审计报告(交保密工作机构);

(4)收集整理与保密工作相关文件的签批单,能够体现与业务同步开展保密工作的相关材料(交保密工作机构)。

3. 其他准备工作

整理财务部部长年度履职情况报告(交保密工作机构)。

收集整理各项材料的起始时间为××××年××月××日,整理完毕后于××月××日前送交保密工作机构,其他项目的材料留存在本单位的保密工作档案中。除做好上述工作外,还须按照《保密资格认定任务分工表》逐条分解落实。

(十一)国有资产管理部

1. 收集整理单位领导责任相关材料

(1)收集整理修订工作制度和流程,将保密管理要求融入其中(如军工单位关键设备设施信息、涉密项目采购环节等);整理本部保密工作职责材料并提供给分管领导,以备现场审查专家提问时使用;

(2)分管领导对本部业务范围内的保密工作重点、难点问题进行研究和部署的会议记录、文件批示等支撑材料(交保密工作机构);

(3)分管领导进行工作布置时严格控制知悉范围的文件签批、会议记录等支撑材料(交保密工作机构);

(4)分管领导进行保密检查和督促整改的支撑材料(如《分管领导检查涉密单位保密工作记录表》等)(交保密工作机构);

(5)能够体现分管领导在国有资产管理部业务中,对保密工作开展提供保障的书面材料(如安防建设、安防设备采购、人员配备等)(交保密工作机构);

(6)能够体现分管领导支持保密工作机构开展工作的书面材料(交保密工作机构)。

2. 整理归口管理相关材料

(1)绘制单位涉密场所分布图;

(2)制作、发放涉密场所保密警示牌;

(3)收集整理与保密工作相关文件的签批单,能够体现与业务同步开展保密工作的相关材料(交保密工作机构)。

3.其他准备工作

整理国有资产管理部部长年度履职情况报告(交保密工作机构)。

收集整理各项材料的起始时间为×××年××月××日,整理完毕后于××月××日前送交保密工作机构,其他项目的材料留存在本单位的保密工作档案中。除做好上述工作外,还须按照《保密资格认定任务分工表》逐条分解落实。

二、涉密部门的任务落实

(一)如何做好文件清理

1.清理文件

清理内容:检查个人手中是否存有未登记的涉密文件,涉密文件是否按规定标密、全生命周期是否均有登记审批。

清理方法:

(1)清理个人手中的文件资料,如有涉密文件检查来源,是否在集中管理的保密员处进行了借阅登记;如没有,应及时交接给保密员;需要使用时,办理借阅登记手续,并在个人的涉密载体使用本上登记;

(2)检查涉密载体标密是否完整,应当在记载国家秘密信息的纸介质、光盘、磁介质等载体上正确标明密级,做出国家秘密标志,标明保密期限;

(3)检查涉密载体的制作、收发、传递、使用、复制、保存、维修和销毁等八个环节是否履行好签收、登记、审批手续,是否进行闭环管理(台账、使用登记、复制审批登记、输出登记、发送单、销毁审批及清单是否完整);

(4)检查涉密文件是否均保存在密码文件柜或密码保险柜内;

(5)清理工作中产生的未定稿的过程文件资料(包括有涉密信息的光盘、磁介质等载体),只要内容涉及国家秘密,应当标明密级并按照涉密载体管理;

(6)对不需要保存的国家秘密载体,应当及时清退、销毁。

2.清理信息系统、信息设备和存储设备

清理信息系统、信息设备和存储设备,主要内容是要检查涉密计算机是否连接互联网或其他公共网络、是否接入过非涉密存储设备,非涉密计算机是否存储涉密信息、是否连接涉密移动设备。

(二)如何做好设备自查

信息设备基本检查内容及方法如下。

1.USB记录、U盘序列号查询方法

(1)通过注册表查看

点击开始按钮→点击运行按钮→输入 regedit→查看 HKEY_LOCAL_MACHINE/SYSTEM/CurrentControlSet/Enum/USB、USBPRINT 和 USBSTOR,查看 USB 记录,如图 2.1、

图 2.2 所示。

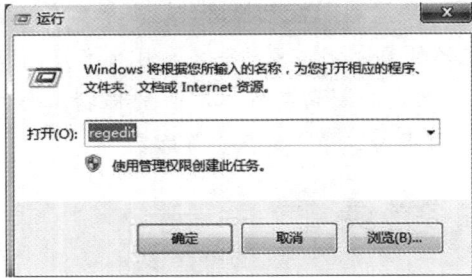

图 2.1

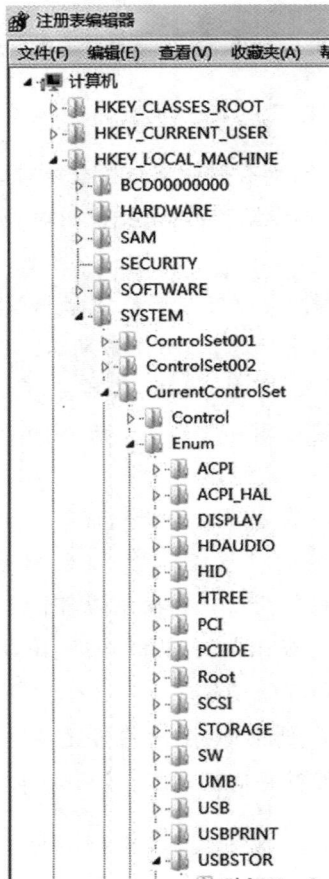

图 2.2

(2)使用"USB Deview"查看

运行"USB Deview"工具查看 USB 记录,如图 2.3 所示。

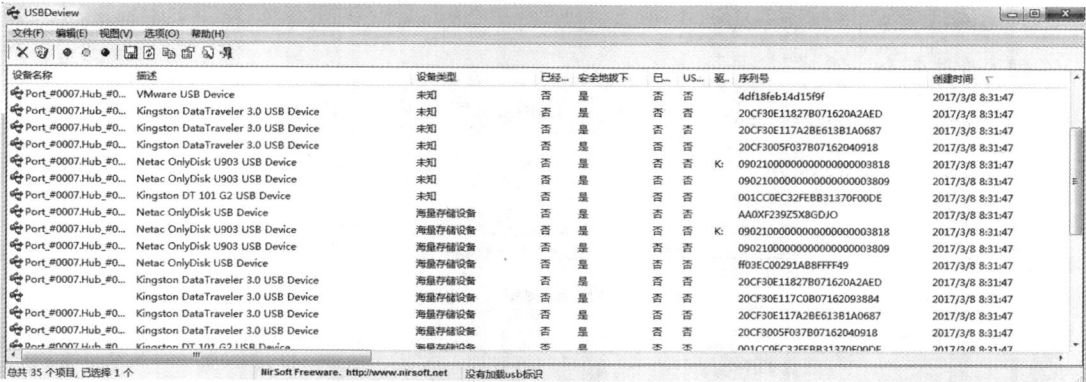

图 2.3

2. 识别涉密、非涉密设备

包含 Ven_SMZY&Prod_UDISK 且序列号为 0103 的 10 位数字即为涉密设备。

涉密设备同时还要核对密级，秘密级设备可以接入秘密级和机密级计算机，机密级设备只能接入机密级计算机。

其他字段均为非涉密设备。

3. 打印机序列号查询方式

使用"USB Deview"查看，如图 2.4 所示。

图 2.4

查看注册表 USB 的，如图 2.5 所示。

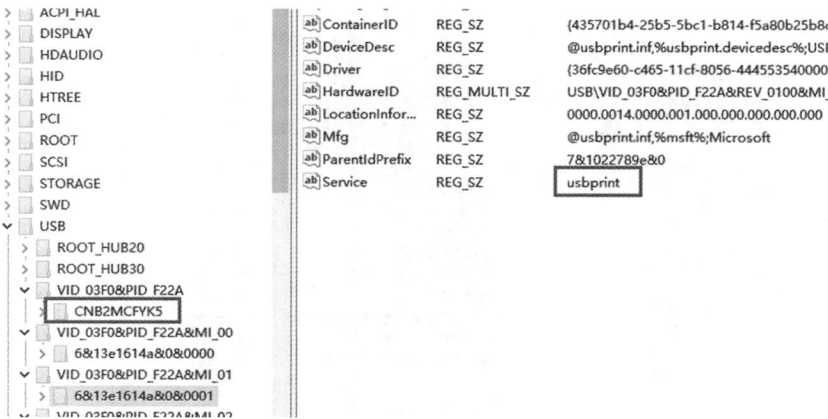

图 2.5

4. 操作系统时间查询方法

(1)通过命令查看

点击开始按钮→点击运行按钮→输入 cmd 回车→输入 systeminfo 查看,如图 2.6、图 2.7 所示。

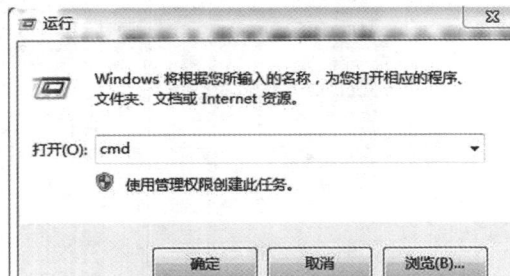

图 2.6

图 2.7

(2)通过 AIDA64 查看

运行 AIDA64 查看,如图 2.8 所示。

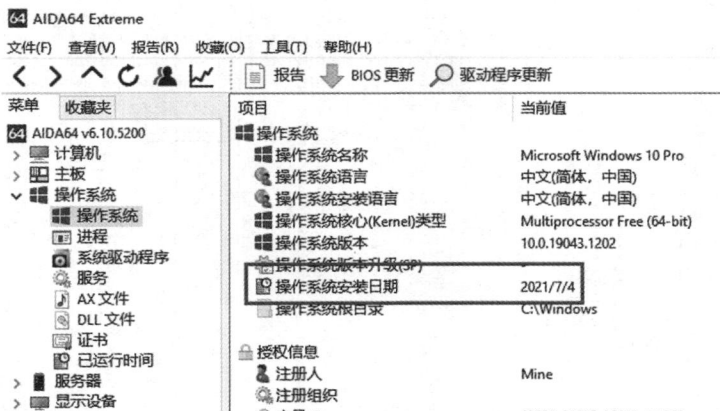

图 2.8

5. 硬盘序列号查询方法

打开 HD Tune→在下拉列表中选择需要查询的硬盘→点击磁盘信息选项卡→查看序列号,如图 2.9 所示。

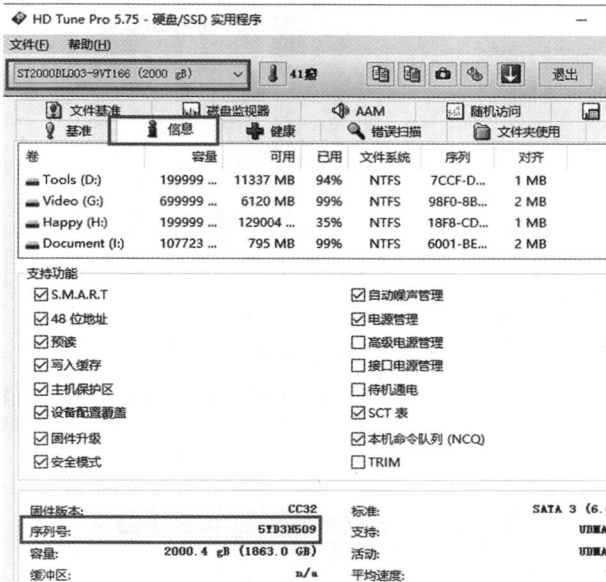

图 2.9

6. 文档搜索方法

(1)检查非涉密计算机是否存储涉密信息

①文件搜索方法

Windows XP 方法:点击开始→搜索→所有文件或文件夹→在"全部或部分文件名"中输入要检查的文件名称或类型(如.doc、.xls、.ppt 等)→在搜索结果中查看文件是否有涉密信息,如图 2.10 所示。

图 2.10

Windows 7 方法：打开资源管理器（我的电脑）→在右上角搜索框中输入需要查找的文件名称或类型（如.doc、.xls、.ppt 等）→在搜索结果中查看文件是否有涉密信息，如图 2.11 所示。

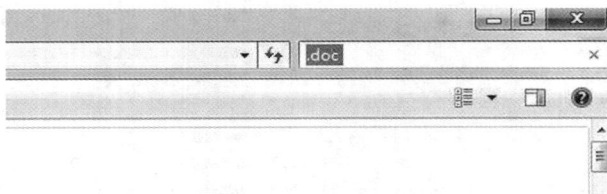

图 2.11

②文档中包含关键字搜索方法

Windows XP 方法：点击开始→搜索→所有文件或文件夹→在"文件中的一个字或词组"中输入需要查询的关键字（如秘密、机密、密级、装备、国防、型号等）→在搜索结果中查看文件是否有涉密信息，如图 2.12 所示。

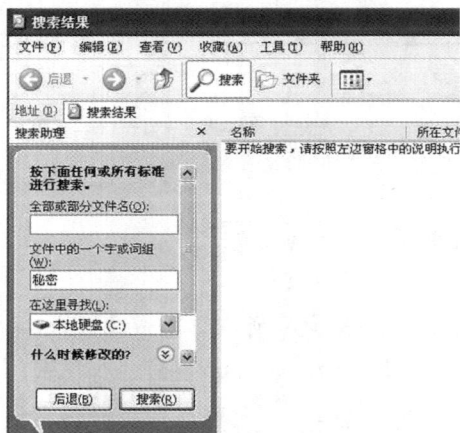

图 2.12

Windows 7 方法：打开资源管理器（我的电脑）→在左上角点击组织下拉列表→点击文件夹和搜索选项→点击搜索选项卡→选择始终搜索文件名和内容→在右上角搜索框中输入需要查询的关键字（如秘密、机密、密级、装备、国防、型号等）→在搜索结果中查看文件是否有涉密信息，如图 2.13、图 2.14 所示。

（2）检查涉密计算机是否超越密级存储、处理信息

使用关键字搜索方法查找机密级文件。

查看 USB 接入记录是否有高密级设备接入。

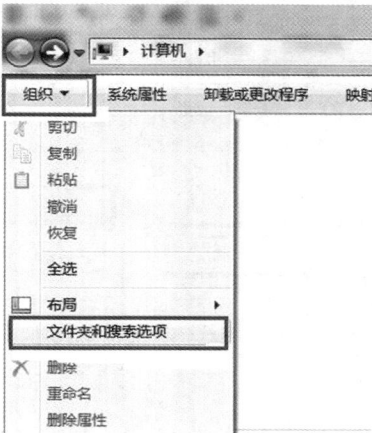

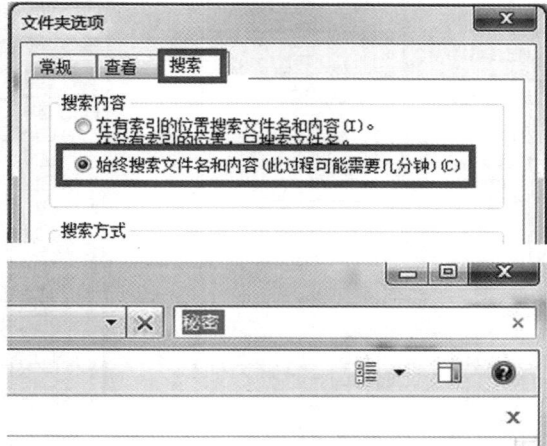

图 2.13   图 2.14

（3）深度恢复方式检查已删除文档

执行 Final Data 软件→点击打开按钮→选择需要恢复的盘符→点击确定→窗口中保证起始值为 0、结束值为最大→点击确定→出现簇扫描窗口（等待时间较长）→扫描结果后点击搜索按钮→输入文件名（如 .doc、.ppt 等，可搜索 .lnk 文件，来查看该机器曾经访问过的文件名称）→点击查找按钮→在搜索结果中查看文件是否有违规信息，如图 2.15、图 2.16、图 2.17、图 2.18 所示。

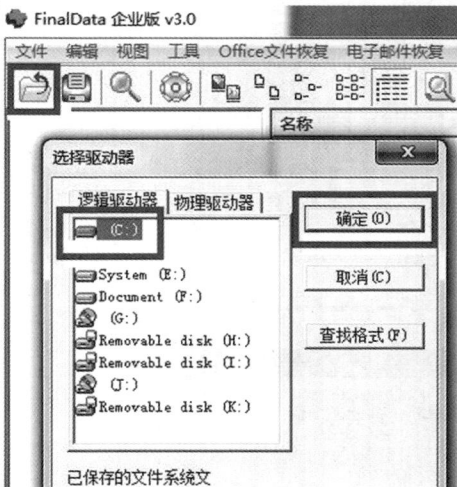

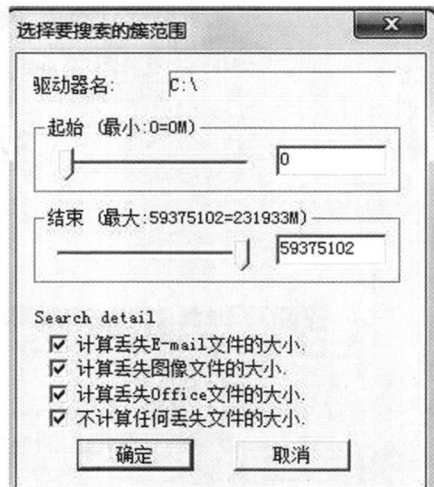

图 2.15   图 2.16

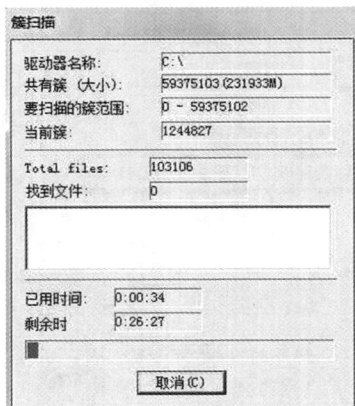

图 2.17

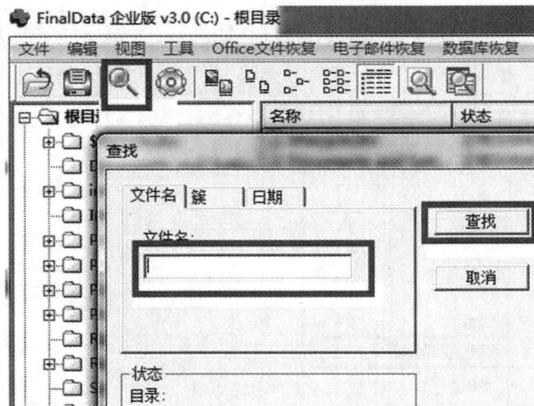

图 2.18

7. 查看连接互联网记录

Windows XP：打开浏览器→点击工具菜单→点击 Internet 选项→常规选项卡中 Internet 临时文件设置中点击设置→在设置窗口中点击查看文件按钮→在临时文件夹中查看 Internet 地址是否有联网痕迹，如图 2.19、图 2.20、图 2.21 所示。

Windows 7：打开浏览器→点击右上角工具按钮→点击 Internet 选项按钮→在常规选项卡下点击浏览历史记录设置按钮→在网站数据设置窗口中点击查看文件按钮→在临时文件夹中查看 Internet 地址是否有联网痕迹，如图 2.22、图 2.23 所示。

图 2.19

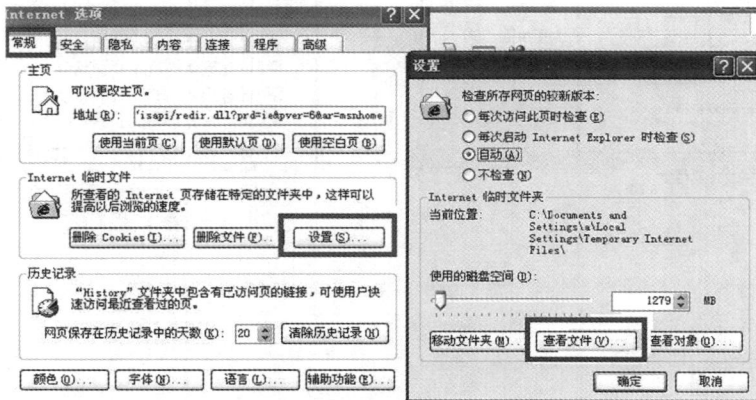

图 2.20

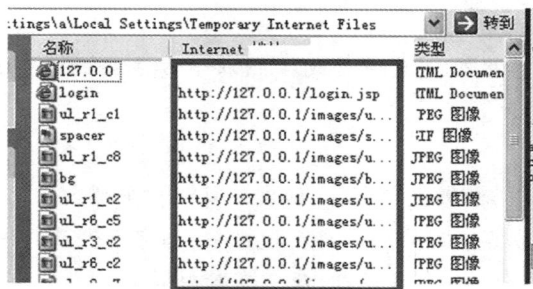

图 2.21

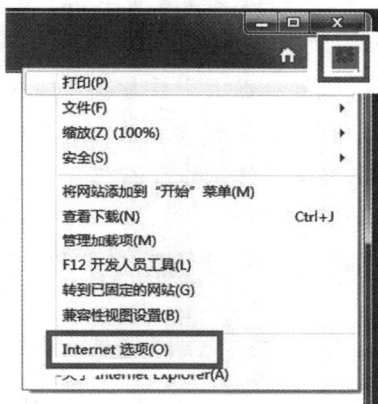

图 2.22

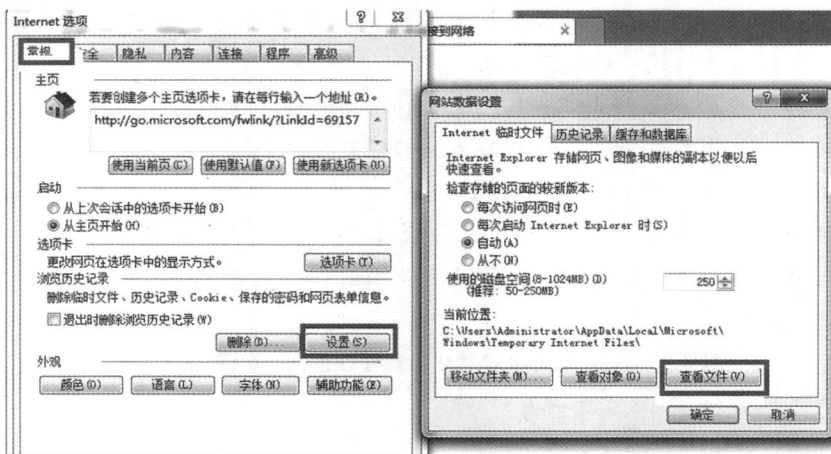

图 2.23

　　计算机连接手机同样视为连接互联网,查看 USB 记录中是否包含三星手机、华为手机、android 系统等信息。

(三)如何做好设备清理

有过违章操作的计算机应更换硬盘或按照以下方法一的程序进行清理,如有特殊情况,可按照方法二进行清理。

1. 方法一

(1)将计算机中存储的数据进行备份,涉密计算机中的数据应备份到涉密移动硬盘中,非涉密计算机中的数据应备份到非涉密移动硬盘中,如有条件最好进行双备份;

(2)将硬盘低级格式化(如更换硬盘,原涉密硬盘按涉密载体保管,不允许自行销毁或挪作他用);

(3) IDE 接口硬盘可采用 Lformat 进行低级格式化,如硬盘为 SATA 或 SCSI 接口等,则采用 Smartdisk 软件在安全模式下进行格式化(也可采用 DM 万用版进行低级格式化,但有时会出现数据清理不完全的情况);

(4)将硬盘重新进行逻辑分区,各分区大小要与格式化前有所变化;

(5)安装操作系统及防病毒软件(涉密机安装系统要求安装未经第三方更改过的系统,即未集成 QQ、下载软件等其他网络工具的操作系统);

(6)进行操作系统及防病毒软件升级;

(7)将工作数据拷贝回计算机(逐个文件拷贝,注意勿将非法信息重新拷回)。

2. 方法二

(1)将计算机中存储的数据进行备份(涉密计算机应备份到涉密移动介质中,非涉密计算机不允许连接涉密介质);

(2)将硬盘进行高级格式化,然后用无关的文件(如系统文件)将硬盘各个分区填充至 0 KB;

(3)将硬盘进行重新逻辑分区,各分区大小要与格式化前有所变化(不允许使用 PQMAGIC 等无损文件的软件进行分区);

(4)安装操作系统及防病毒软件(涉密计算机安装系统要求安装未经第三方更改过的系统,即未集成 QQ、下载软件等其他网络工具的操作系统);

(5)进行操作系统及防病毒软件升级;

(6)将工作数据拷贝回计算机(逐个文件拷贝,注意勿将非法信息重新拷回)。

计算机、办公自动化设备管理情况问题清理确认表见表2.3。

表2.3 计算机、办公自动化设备管理情况问题清理确认表

项目	管理内容	管理情况			备注
涉密计算机	涉密计算机及涉密办公自动化设备是否连接国际互联网	□是	□否	□不存在	
	涉密计算机是否接入非涉密移动存储介质	□是	□否	□不存在	
	是否使用非涉密计算机或非涉密办公自动化设备处理涉密信息	□是	□否	□不存在	
	是否使用非涉密移动存储介质处理涉密信息	□是	□否	□不存在	

表 2.3(续 1)

项目	管理内容	管理情况			备注
	涉密移动存储介质是否接入非涉密计算机	□是	□否	□不存在	
	是否使用上网机处理敏感信息	□是	□否	□不存在	
	涉密计算机是否接入内部非涉密信息系统	□是	□否	□不存在	
	未经审批是否对涉密计算机和信息系统格式化或重装操作系统	□是	□否	□不存在	
	未经审批是否删除涉密计算机和信息系统的移动存储介质及外部设备等日志记录	□是	□否	□不存在	
	涉密计算机是否安装防护系统、审计系统、涉密移动存储介质管理系统和非法外联监控系统	□是	□否	□不存在	
	涉密计算机是否正确设置安全保密策略	□是	□否	□不存在	
	是否未经审批对涉密信息设备及存储介质进行维修或报废	□是	□否	□不存在	
	是否对信息设备和存储介质正确标志	□是	□否	□不存在	
	是否对涉密计算机、涉密存储介质中的涉密信息正确标密	□是	□否	□不存在	
	是否自行安装或拆卸硬件设备和软件	□是	□否	□不存在	
	及时更新涉密计算机、存储介质、办公自动化设备台账	□是	□否	□不存在	
	建立涉密计算机信息台账	□是	□否	□不存在	
	正确设置安全 U 盘的非法外联监控报警信息	□是	□否	□不存在	
	计算机防护系统管理员 KEY 的日常管理和使用登记	□是	□否	□不存在	
	正确控制设备端口的放行操作,并及时关闭端口	□是	□否	□不存在	
	是否定期建立文档化涉密计算机的安全审计报告	□是	□否	□不存在	
	是否定期建立文档化涉密计算机的风险评估报告	□是	□否	□不存在	
	是否超越涉密等级存储和处理涉密信息	□是	□否	□不存在	
	是否按期升级病毒库	□是	□否	□不存在	
	是否及时升级系统补丁	□是	□否	□不存在	
	是否按要求时间变更密码	□是	□否	□不存在	
	是否按要求设置密码保护	□是	□否	□不存在	
	涉密机与非涉密机距离是否 1 米以上	□是	□否	□不存在	
	是否远离暖气管道、通风管道、上下水管、有线报警系统等偶然导体	□是	□否	□不存在	
	是否与非涉密设备放置在同一金属平台上	□是	□否	□不存在	
	计算机防护系统是否非法开放了端口	□是	□否	□不存在	
	是否使用无线功能的外部设备	□是	□否	□不存在	
	输出(打印、拷贝、刻录等)是否有审批登记手续	□是	□否	□不存在	
	管理员 KEY 使用记录是否完整	□是	□否	□不存在	
	维修、报废是否有审批登记	□是	□否	□不存在	

表 2.3(续 2)

项目	管理内容	管理情况			备注
涉密便携机	是否有台账外便携机处理涉密信息	□是	□否	□不存在	
	无线联网功能硬件模块是否拆除	□是	□否	□不存在	
	专供外出携带的涉密便携式计算机是否由专人集中管理	□是	□否	□不存在	
	外出审批记录、检查记录是否完整	□是	□否	□不存在	
中间机	台账是否清楚	□是	□否	□不存在	
	操作审批和使用记录是否完整	□是	□否	□不存在	
	是否接入非法移动介质	□是	□否	□不存在	
	非涉密中间机是否存储涉密信息	□是	□否	□不存在	
非涉密计算机	涉密场所的公共上网机使用记录是否详细	□是	□否	□不存在	
	国际互联网计算机是否存储敏感信息	□是	□否	□不存在	
	是否有接入涉密移动介质的记录	□是	□否	□不存在	
涉密办公自动化设备管理	台账是否清楚	□是	□否	□不存在	
	是否连接国际互联网或其他公共信息网络	□是	□否	□不存在	
	是否连接内部非涉密计算机或信息系统	□是	□否	□不存在	
	输出是否登记、是否完整	□是	□否	□不存在	
	标志是否准确	□是	□否	□不存在	
	复印审批登记是否翔实	□是	□否	□不存在	
	管理责任人及职责是否明确	□是	□否	□不存在	
	是否开启了传真功能	□是	□否	□不存在	
	复印件戳迹是否准确	□是	□否	□不存在	
	维修、保养是否有审批登记	□是	□否	□不存在	
非涉密通信及办公自动化设备	是否使用连接国际互联网或其他公共信息网络的办公自动化设备处理涉密信息	□是	□否	□不存在	
	是否使用不与国际互联网或其他公共信息网络连接的非涉密办公自动化设备处理涉密信息	□是	□否	□不存在	
	涉密场所是否安装、使用有绳电话、无线话筒等无线通信设备	□是	□否	□不存在	
	涉密人员的手机是否启用远程数据同步、位置服务等功能	□是	□否	□不存在	
存储介质管理	台账是否完整、准确	□是	□否	□不存在	
	是否正确粘贴保密标志	□是	□否	□不存在	
	是否存储高密级信息	□是	□否	□不存在	
	涉密移动存储介质是否存放在密码文件柜内	□是	□否	□不存在	
	非涉密存储介质是否存储涉密信息	□是	□否	□不存在	
	涉密存储介质外出携带是否审批	□是	□否	□不存在	

本单位已按以上管理内容对计算机、办公自动化设备进行自查和清理,确保满足各项保密要求

负责人签名: 时间:

（四）清理过程中会遇到的问题

（1）涉密计算机的注册表中 USB 接入记录时间归一问题：有可能因为安装软件或升级补丁造成注册表中 USB 接入的时间均为同一时间，遇到此情况，填报特殊事件报告审批单，记录接入 USB 的相关信息；如果有未在涉密台账的接入记录（可能作为涉密计算机之前接入的非涉密存储介质记录），应填报相关审批，及时将问题"归零"；

（2）非涉密计算机接入过涉密设备（如打印机、刻录机、投影仪）问题：及时将非涉密计算机硬盘上交保密工作机构销毁；

（3）侥幸心理要不得：一定要逐份、逐机、逐台清理，切不可抱有侥幸心理应付了事。

（五）如何建立工作档案

保密档案是各单位保密管理的终结反映，是保密工作的历史纪录，要保障保密档案材料的真实性、完整性、连续性、安全性；在制作、收集整理、管理、使用各环节受控；对日常保密管理工作的各类资料要进行筛选和审核，不完整的资料要求补齐，内容要完整、翔实，杜绝弄虚作假。

保密档案要实行专人管理，配备保密柜存放；装卷时按类分卷，不缺项；注意分别装订，每盒有资料目录清单，定期整理，建立台账，编制总目录说明。

收集保密工作档案是为了方便查询和使用，对查询使用的情况应该建立登记记录。

日常的保密档案管理应该做到归档资料月月清，坚持半年抽查和年底全面检查，发现问题及时纠正，保证保密档案的真实完整性、规范性等。

保密档案是保密工作开展情况的佐证，因此，各单位要按照《标准》的六大项，分类整理批示、会议、文件、总结、审查审批记录等。包括保密责任、归口管理、组织机构、保密制度、保密管理、监督与保障等六大项内容进行保密体系管理来梳理所产生的有关文字、图表、声像等记录。

二级单位应该建立本单位的保密工作档案，例如，科学技术部应该建立涉密科技项目的保密工作档案，建议建立《涉密事项跟踪管理手册》，将涉密科研生产项目专项责任书，涉密项目基本情况，涉密人员基本情况，信息系统、信息设备和存储设备使用情况，外场试验记录，协作配套记录，涉外活动科技交流记录，涉密文档管理，便携式计算机外出管理，总结报告等资料汇集成册，一个项目建立一册，按照项目负责制，由科学技术部统一管理本单位的保密工作档案。

保密档案的规范及说明见表2.4。

表 2.4 ×单位涉密部门保密档案归档范围

序号	类别	项目	存档内容	备注
1	保密责任	领导职责及分工	部门保密分委会名单及岗位职责的相关文件,职责中要含按照工作需要严格控制国家秘密的知悉范围	
		保密责任书	主要负责人、分管负责人、课题负责人、项目负责人各级签署的责任书、责任状、承诺书等	
		责任制考核	体现本部门落实责任制考核的材料,如领导述职、个人总结、测评材料、年终考核表、保密工作履职情况等	
		保密工作部署及计划总结	部门领导有保密工作的相关资料,如每年工作计划、工作总结、工作部署、工作批示等材料(含保密教育、监督检查、归零数据)	
		保密工作会议记录	各项业务保密工作记录,如会议记录、会议纪要、会议签到表等	
2	归口管理	归口部门	党政部、组织部、宣传部、科学技术部、人力资源部、国际交流与合作部、财务部、发展规划部、国有资产管理部、信息化部、安全保卫部	
		部门职责及履职情况	在本部门工作制度中体现保密归口管理职责,有工作开展情况相关文件和保密工作履职记录	
3	组织机构	机构成员及职责	本部门保密分委会名单及职责的文件,职责中要含按照工作需要严格控制国家秘密的知悉范围	
		保密工作人员配备	涉密人员超过100(含)人的部门应配备1名专职保密工作人员	
4	保密制度	基本制度	公司保密工作制度	
		二级制度	本部门的保密工作制度、细则、流程等,体现根据实际工作情况做出的修订内容	
		专项制度	公司相关专项工作制度	
5	保密管理	定密管理	本部门涉密项目清单、涉密场所分布情况、定密责任人确定相关文件、定密责任人授权书(可存复印件)、定密责任人培训证书(可存复印件)、定密表	
		涉密人员管理	部门涉密人员汇总表(电子版随时更新,纸质版需要时更新)	
			涉密人员档案,涉密人员在岗、脱密、变更台账	
			部门对涉密人员(含涉密学生、涉密外聘人员)因公、因私出国情况的登记,保密提醒、承诺书等	
			本部门组织涉密人员参加教育、培训的签到、试卷、成绩单、培训大纲、学时汇总等	
			内控学生汇总表;2010年6月后须存《内控学生审批表》《内控学生离公司承诺书》《涉密、内控学生毕业离公司通知书》三联单存根	

表2.4(续)

序号	类别	项目	存档内容	备注
		涉密载体	部门涉密纸质(含保密笔记本)、涉密光盘台账(电子版随时更新,纸质版需要时更新)	
			涉密载体收发登记、销毁审批表	
			涉密载体借阅登记、携带外出审批表	
			涉密载体复制(汇编、摘录)审批表;定点复印部门申请表;《涉密信息设备全生命周期使用登记簿(打印、刻录、复印)》	
			涉密学位论文审批和复印、装订、打印等登记和审批	
		密品管理	密品台账;密品管理及运输	
		要害部门、部位	要害部门、部位审批和变更记录	
		信息系统、信息设备和存储设备管理	设备台账(含涉密、非涉密)(电子版随时更新,纸质版需要时更新)	
			信息系统、信息设备和存储设备管理信息档案(按信息档案目录内容存档)	
			涉密便携机及移动存储介质外出保密审批表	
			移动介质台账(含涉密、非涉密)(电子版随时更新,纸质版需要时更新)	
			公司及学院的软件白名单	
		宣传报道	涉密人员发表论文、著作、接受采访、公开发布科研军品信息的审查、审批	
			网上发布保密信息审查、审批登记	
		涉密会议	涉密会议(含涉密学位论文答辩会)审查审批表、会场检查表、工作方案。重大涉密会议要有突发事项预案	
		涉外管理	对外科技交流及重大涉外活动要有对外活动保密措施、预案、保密提醒、相关物品及载体的审查、审批表等。境外来访人员要有审批和保密措施	
6	监督保障	保密检查	本部门每季度组织的保密自检记录、每年组织的自查自评记录;部门检查整改情况记录	
		保密奖惩	本部门组织的保密工作奖惩情况记录	
		保密经费	本部门保密工作补贴考核发放单存档	
		保密档案	本部门档案案卷总目录	

注:每类按部门实有项目归档立卷。

各涉密业务部门保密工作档案管理说明如下。

《标准》要求涉密部门对保密工作开展情况应当有文字记载。单位涉密部门和涉密项目组要按照新《标准》的要求建立部门的保密档案,进行保密工作二级、三级档案的分类、制作、收集和整理,方便现场审查时的检索。

1.保密工作档案的分类

按照《标准》评分内容,保密工作档案可分为保密责任、保密组织机构、保密制度、保密管理、监督保障、归口管理6个项目，27个分项。

2. 保密工作档案的制作

保密工作档案可使用档案盒或文件夹按照《标准》评分内容，分别建立"保密责任、组织机构、保密制度、保密管理、监督保障、归口部门"6个项目类别，27个分项。类别在盒脊处或文件夹内业中分类注明标志。档案可装订成册管理，每册要有卷内目录；也可同类内容用夹子归类收纳整理，每盒档案内要有盒内档案目录，便于查找。保密工作档案用"BM"作为一级标志，类别以"01"起按自然数顺序分类。类别中含有子项的可进一步扩展标志，以分类清晰、可辨、简洁为原则。

3. 保密工作档案的收集与整理

保密工作档案应按照6大项、27分项内容收集整理，各涉密单位可根据本单位实际情况收集存档。单位为便于各涉密部门，各涉密项目组及要害部门、部位建立保密工作档案，建立了相关保密工作归档范围，概述如下。

(1) 保密责任 BM01

保密责任设为5分项，分别为法定代表人或主要负责人责任、分管保密工作负责人责任、其他负责人责任、涉密部门负责人或涉密项目负责人责任、涉密人员责任。

①针对涉密部门，保密责任由涉密部门负责人负责

涉密部门负责人要掌握本部门保密工作情况，理清职责，并与各涉密项目组负责人签订《涉密人员保密责任书》；涉密部门负责人对保密工作要有研究、部署、落实记录，如召开办公例会、签署文件等；组织涉密人员参加保密教育培训；关心、支持专、兼职保密人员工作；对保密措施落实情况监督检查，发现问题的及时整改落实；保密委员会成员每年要有履职情况；涉密单位每年要有自查自评情况。要将相关材料存档。

②针对涉密项目组，保密责任由涉密项目组负责人负责

涉密项目负责人要掌握涉密项目组的保密工作情况，理清项目组成员职责，并与各涉密项目组成员签订《涉密人员保密责任书》；涉密项目组负责人要对涉密人员进行保密教育培训；对保密措施落实情况监督、检查，发现问题的及时整改落实。要将相关材料存档。

③针对涉密人员，保密责任由涉密人员负责

涉密人员要清楚本岗位的保密职责和保密事项，并与负责人签订《涉密人员保密责任书》。涉密人员要进行保密自查，掌握各项保密审批程序、载体管理，以及信息系统、信息设备和存储设备管理的要求。要将相关材料存档。

(2) 保密组织机构 BM02

组织机构设为2分项，分别为保密委员会、保密工作机构。

涉密部门或涉密项目组保密组织机构主要体现在机构设置(如主要负责人，专、兼职保密人员及成员)和人员职责。要将相关材料存档。

(3) 保密制度 BM03

保密制度设为3分项，分别为基本制度、专项制度和业务制度。

涉密单位保密制度包括国家保密文件、单位保密制度、涉密部门保密规定和项目组保密细则，归口部门要将保密工作融入本单位工作制度。要将相关材料存档。

（4）保密管理 BM04

保密管理设为 11 分项,分别为定密管理,涉密人员管理,涉密载体管理,密品管理,要害部门、部位管理,信息系统、信息设备和存储设备管理,新闻宣传管理,涉密会议管理,外场试验管理,协作配套管理和涉外管理。

①定密管理 BM04-1

涉密单位要确定定密责任人,按规定开展定密工作,程序、责任明确。将本单位定密责任人授权书、培训证书复印件、《×单位涉密科研项目定密表》及定密相关表格,如《×单位涉密事项确定审批表》《×单位涉密事项确定审批表》《×单位国家秘密事项变更、解除审批表》等相关材料存档。

②涉密人员管理 BM04-2

涉密人员上岗要有涉密岗位界定、人员审查、保密培训。涉密人员在岗要签订《涉密人员保密责任书》、保密培训每年达到 15 学时、考核并发放保密补贴、人员涉密等级变更调整,涉密人员出入境证照统一由人力资源部管理,人员出境要有出境审批、保密提醒和承诺书等。涉密人员离岗要清退涉密载体、实行脱密期管理、签订《涉密人员保密承诺书》。相关材料要存档。

③涉密载体管理 BM04-3

建立涉密载体台账;涉密载体标明密级;涉密载体按规定制作、收发、传递、借阅、使用、复印、保存、维修和销毁并有相关内容存档;涉密载体的管理和使用要符合要求;记录涉密事项要使用保密本,涉密载体要明确知悉范围并有相关记载。相关记录要存档。

④密品管理 BM04-4

建立密品台账;密品要有密级标志;密品在研制、生产、试验、运输、保存、维修、使用过程中应当有保护措施;密品运输、销毁要履行审批程序,重要密品运输要制定保密方案。相关记录要存档。

⑤要害部门、部位管理 BM04-5

保密要害部门、部位要有审批手续,制定相关制度,做好人防、物防、技防。对工勤人员有审查、审批手续并签订《涉密人员保密承诺书》,对安防设施设备有检查并有应急方案,有人员值班情况,有外来人员审查审批记录,对无线通信设备有管控等。对新建、改建、扩建工程项目,在立项、验收环节要有单位组织的保密审核,建立"五同时"。相关材料要存档。

⑥信息系统、信息设备、存储设备管理 BM04-6

信息系统、信息设备、存储设备包含各类应用系统、服务器、计算机、网络设备、外部设施设备、存储介质、办公自动化设备、声像设备和安全密品。涉密信息系统要有许可,信息系统、信息设备、存储设备管理和使用要符合要求:要配备"三员";台账要相符;要有审批,建立全生命周期信息档案;信息设备的维修、报废要符合保密管理要求;涉密信息系统和涉密信息设备的各种软件应用有统一管理;密级标志与信息设备、存储介质相符合;要有文档化的策略文件、审计报告、风险评估报告和记录。涉密便携计算机专供外出携带的要明确专人管理,审批完整,带回要有保密检查记录。计算机安全管理员有培训证书,履行本岗位职责,涉密等级要符合岗位要求。对外发布信息要有保密审查记录。相关材料要存档。

⑦新闻宣传管理 BM04-7

举办展览、宣传报道、发表著作和论文等要经过保密审查。涉密展室、密品、展品制作要有保密措施,参观要履行保密审批登记手续。相关材料要存档。

⑧涉密会议管理 BM04-8

重大涉密会议(机密级以上)在内部场所召开并有审批手续、保密工作方案,保密工作机构要监督检查,对参会人员进行身份确认,有会议签到表,涉密文件资料发放、清退和销毁要有登记。相关材料要存档。

⑨外场试验管理 BM04-9

涉密外场试验要有专项保密工作方案或现场管理措施,对参试人员进行保密教育和监督检查,做好涉密载体发放、借阅、清退、销毁及通信管理保密要求,携带外出的涉密计算机及涉密移动介质要有审批,带回要有保密检查记录。对外场试验的密品要有管理记录。相关材料要存档。

⑩协作配套管理 BM04-10

协作配套单位要有相应的保密资格,《协作配套任务书》中要有保密条款,重大项目要签订保密协议,对保密协议执行情况要有监督管理记录。相关材料要存档。

⑪涉外管理 BM04-11

对外交流、合作、谈判等活动要制定保密方案和谈判口径,责任明确,措施有效。要有保密提醒记录,并有相关保密要求。对外提供涉密文件、资料、物品要有审批,重要涉外谈判要有保密工作机构人员参与并现场监督。相关材料要存档。

(5)监督保障 BM05

监督保障设为5分项,分别为保密检查、泄密事件查处、考核与奖惩、保密工作经费、保密工作档案管理。

①保密检查 BM05-1

涉密单位和项目组及涉密人员每月要进行自查,涉密单位每3个月要进行一次保密检查,对检查出的问题要进行保密风险分析并落实整改。相关检查记录要存档。

②泄密事件查处 BM05-2

发生泄密事件应当及时报告和采取补救措施。相关记录要存档。

③考核与奖惩 BM05-3

对保密责任制落实情况要有考核,并有相应的奖惩。相关记录要存档。

④保密工作经费 BM05-4

各涉密单位保密工作补贴发放及保密工作相关经费支出情况。相关记录要存档。

⑤工作档案管理 BM05-5

按类别和卷册建立完整档案和目录,方便检索和查找。

(6)归口管理 BM06

单位保密工作归口部门涉及12个部处,分别是党政部、组织部、宣传部、科学技术部、人力资源部、国际交流与合作部、财务部、发展规划部、国有资产管理部、信息化部、安全保卫部。涉及的相关部门要将保密工作融入业务实际工作中,并将与业务同步开展的保密工作的相关文件与工作材料存入保密工作档案的归口管理 BM06 大项中。

4. 保密工作档案的保管期限

保密工作档案是单位保密工作开展情况的凭证,是真实反映单位保密工作开展情况的文字记载。保密工作档案按认定周期保存,保存期限一般不少于 5 年。涉及涉密载体追溯的各类登记簿要随项目档案存档保管。

第三章　现场审查的准备与实施

第一节　《申请书》的撰写要求

《×××保密资格申请书》(以下简称《申请书》)的撰写要求如下。

首先,按照《申请书》填写格式要求,填写单位自然情况。"单位名称"填写签订武器装备科研生产合同时使用的名称;"单位性质"填写国有企业、事业单位、非公有制企业,属于上市公司的应予以注明;再依次按《申请书》栏目分别填写法定代表人姓名、单位人员总数、涉密人员总数、详细的注册地址、通信地址、单位邮政编码、单位联系电话等。

其次,填写单位基本情况。主要填写单位成立、变迁情况,资产(注册资金、固定资产)情况,工作场所和涉密人员情况,承担军品科研生产项目或产品的方向、能力等基本情况。此部分内容控制在 2 000 字以内,陈述内容不涉密。

再次,填写申请理由。单位已承担或拟承担何种密级的武器装备科研生产或协作配套任务的项目或产品,已经具备申请基本条件,根据《办法》第五条、第十一条之规定,申请某级保密资格。

最后,按照《申请书》要求填写五个模块,即按照保密责任落实情况、归口管理情况、保密组织机构情况、保密制度建设情况、保密监督管理情况、保密条件保障情况,分别陈述单位的实际情况。具体填写内容提示如下。

一、关于保密责任落实情况(5 个责任主体)

(1)法定代表人或主要负责人——主要填写单位领导学习贯彻党和国家有关保密工作的方针、政策和法律法规,以及上级有关保密工作的指示精神情况;对本单位保密工作进行指示、批示的情况;本单位在保密工作中解决了哪些重要问题;如何在监督、检查、领导保密责任制落实及责任追究方面履行职能;侧重填写上年度至本年度解决本单位保密工作的重要问题;

(2)分管保密工作负责人——主要填写分管保密工作负责人以下几方面工作:学习与落实党和国家有关保密工作的方针、政策和法律法规,以及上级有关保密工作的指示精神情况;如何结合本单位实际及时研究和部署保密工作情况;组织监督、检查、指导单位保密工作落实情况;为保密机构履行职责提供保障的情况;

(3)其他负责人——主要填写对分管业务的保密工作进行研究和部署情况;对分管业务工作中保密措施落实情况进行监督、检查及提供保密条件保障情况;如何把保密工作与业务工作"五同时";

（4）涉密部门或项目负责人——主要填写在保密管理方面结合实际落实了哪些具体措施，主抓本部门或项目保密工作情况；对本部门或项目开展保密监督、检查情况等；

（5）涉密人员责任——主要填写对本职岗位保密要求的熟知情况；涉密人员履行本职岗位保密责任的相关情况。

二、归口管理情况

（1）要明确单位各业务部门的归口分工和管理责任；

（2）填写定密、涉密人员、信息化、新闻宣传、外事等管理工作归口部门落实保密工作情况，包括制定或修订业务制度，将保密要求融入其中；制定或修订管理流程，保密工作要求嵌入流程中；完善岗位职责，将保密工作内容融入业务岗位职责中；在工作中，做到保密工作的"五同时"。

三、关于保密组织机构情况（保密工作机构及人员设置）

（1）保密委员会或保密工作领导小组构成情况——主要填写姓名、部门及职务、职责分工，从主任到委员分别填写；

（2）保密工作机构情况——主要填写保密工作机构设置、隶属关系、人员编制等基本情况；填写保密机构负责人姓名、职务及任命文号；

（3）专员工作人员——主要填写姓名、性别、年龄、职务、学历及专业、保密培训情况；

（4）保密委员会或保密工作领导小组——对其履行职责及开展工作的陈述，主要填写根据职责决策的重大事项及组织的重大活动，例如，单位是否建立保密组织（成立文号），保密委员会或保密工作领导小组是否明确职责和权限，委员是否明确分工权限和职责，组织召开例会情况（每年不少于 2 次），研究并解决本单位哪些重要问题；是否审定本单位涉密事项，是否开展密级项目调整工作、岗位和人员定密工作，是否确定要害部门、部位及如何加强要害部门、部位的安全防护，涉密人员管理（上岗、在岗、离岗）各环节措施的管理情况；是否关注单位保密重点、难点，组织保密机构监督、指导计算机和信息系统、通信及办公自动化设备的保密管理工作情况；各项重大涉密活动的审查、审批及督促、检查情况，查处泄密隐患等；

（5）保密工作机构——主要填写保密工作机构根据职责完成的主要工作。根据《标准》列出的 12 项职责，分别陈述向保密委员会或保密工作领导小组提出的工作建议，组织落实保密委员会或保密工作领导小组的工作部署情况；组织制定保密制度；组织、指导涉密人员的审查界定和保密教育培训情况；组织保密检查工作；监督、指导定密工作情况；组织、协调保密审查工作情况；指导、监督重要涉密活动的保密管理工作情况；组织、确定和调整保密要害部门、部位；监督、指导计算机和信息系统、通信及办公自动化设备的保密管理工作情况；监督、指导保密防护措施的实施情况；查处违反保密法律法规的行为和泄密事件情况；提出保密责任追究和奖惩建议情况。

四、关于保密制度建设情况(基本制度、专项制度、业务制度)

(1)基本制度——主要填写本单位基本制度的名称、文号、颁发时间;基本制度是否由保密工作机构组织制定,是否经单位保密委员会审核,是否由单位法定代表人或主要负责人签发后实施;填写基本制度的制定是否符合国家规定,是否按照《标准》的要求,涵盖保密教育、涉密人员管理、确定与变更和解除国家秘密管理、国家秘密载体管理、要害部门和部位管理、计算机和信息系统管理、通信及办公自动化设备管理、宣传报道管理、涉密会议管理、协作配套管理、涉外活动管理、保密监督检查、泄密事件报告和查处、责任考核与奖惩等14项内容,有无缺项、漏项;

(2)专项制度——主要填写单位(一、二级)结合自身的实际情况,对重大涉密工程或项目、外场试验等制定的专门保密管理措施,通过对各节点的受控从而完善全过程的管理情况;填写专项制度名称、实施时间等;

(3)业务制度——主要填写单位业务职能部门结合业务工作的实际,将保密要求融入其中制定的管理措施,例如,科研生产部关于科研项目管理规范等。

五、关于保密监督管理情况(合计11项)

(一)定密管理(分为三部分填写)

(1)定密工作程序、主要开展工作情况——主要填写如梳理涉密事项、进行密级确定与变更情况等;有定密工作小组的,填写组成情况;

(2)本单位保密范围确定情况——主要填写制定本单位保密范围的依据,如依据甲方下达的合同书或合同意向书及密级证明,依据本单位制定的国家秘密及其密级范围实施细则,本单位保密范围确定情况等;

(3)确定和调整情况——主要填写本单位涉密事项确定情况,涉密事项或项目调整及密级变更情况。

(二)涉密人员管理(分为两部分填写)

(1)人员类别、人员数量——分类填写核心涉密人员、重要涉密人员、一般涉密人员的具体数量;

(2)涉密人员管理的主要工作——主要填写涉密岗位界定情况、涉密人员的审查情况、涉密人员教育培训情况、保密责任书(承诺书)签订情况、保密补贴发放情况、脱密期管理情况、因私出境管理情况、涉密人员备案情况等。

(三)涉密载体管理

涉密载体管理情况——主要填写在国家涉密载体(包括纸介质、磁、光、电等存储介质)的制作、收发、传递、使用、保存、复制、维修和销毁各环节采取了哪些保密技术和管理措施。如涉密载体是否建立台账,账物是否相符,使用是否责任到人,是否编号受控,传递是否规范,复制的环节是否履行审查、审批手续,复印件是否视同原件管理,销毁是否执行相关流程,监督销毁是否双人签字等。

（四）密品管理

密品管理情况——主要填写密品在研制、生产、试验、运输、保存、维修、使用过程中采取的保护性措施。如研制、生产和保存过程采用遮挡的方式、放置在涉密场所内、人员进出有控制措施,试验、运输过程制定保密方案等。

（五）要害部门、部位管理（分为两部分填写）

（1）要害部门、部位确定情况——主要填写单位确定的要害部门、部位的名称及数量;

（2）保密防护措施落实情况——主要填写要害部门、部位制度建设情况,人防、物防、技防情况,要分别对照一、二级标准要求如实填写本单位的落实情况。

（六）信息系统、信息设备和存储设备（分为六部分填写）

（1）涉密信息系统建设、防护情况——主要填写单位是否建立涉密信息系统,是否使用单台计算机处理涉密信息;涉密信息系统是否取得《涉及国家秘密的信息系统使用许可证》;涉密信息系统是否存在远程传输,如果存在是否按照要求采取密码保护措施;如果有绝密级计算机,要求说明安全管理情况;涉密计算机和信息系统主要采取了哪些具体的技术防范措施,如资产台账,设备标志,文档化安全保密策略与审计报告,身份鉴别,访问控制,安全审计,升级病毒库和恶意代码样本库并及时查杀,中间机使用、维修、报废各环节管理情况;电磁泄漏发射防护、安全密品使用、涉密便携式计算机外出携带管理等;计算机和信息系统管理人员是否通过安全保密培训并持证上岗,履行职责情况如何等;

（2）涉密信息设备建设、防护情况,涉密存储设备建设、防护情况——主要填写密级和数量以及建立台账、粘贴标志等情况;存储介质是否采取与涉密计算机和信息系统绑定等有效的技术措施;信息交换是否符合国家有关保密管理规定,介质使用、维修、销毁等环节是否受控;

（3）涉密信息系统、涉密信息设备和涉密存储设备的管理情况——主要填写信息化部和运行维护机构的管理责任和职责划分;

（4）非涉密信息系统、非涉密信息设备和非涉密存储设备的管理情况——主要填写单位内部非涉密计算机的管理和使用情况;连接国际互联网计算机的管理和使用情况;对外发布信息的管理情况等;

（5）专用系统或者设备建设、防护和管理情况——主要填写专用系统或者设备建设、防护和管理的一些情况。

（七）新闻宣传管理

新闻宣传管理情况——主要填写涉及武器装备的宣传报道、展览、公开发表著作和论文等,是否建立单位业务主管部门保密审查制度;对涉及军工科研生产事项的新闻媒体采访,展品制作、展室密品参观等采取了哪些保密管理措施。

(八)涉密会议管理

涉及会议管理情况——主要填写涉密会议的主要类别、涉密会议采取的保密管理措施等。如上年度至本年度共召开多少次涉密会议,涉密会议是否按相关规定履行审批手续,涉密会议是否在具备安全保密条件的场所召开,重要涉密会议是否制定保密工作方案;重要涉密会议是否在内部场所召开,在外部场所召开是否签署并履行保密协议,如何控制参会人员(如确认身份、登记、查验证件等),是否配备并使用会议保密机(手机干扰器),对会场是否进行了安全检查,服务人员是否受控,对会议涉密载体发放、清退、销毁是否符合保密管理要求并有专人负责,会议使用的扩音等技术设备是否符合保密要求(禁止带入具有无线上网功能的便携式计算机,未经批准禁止带入具有摄录功能的设备)等。

(九)外场试验管理

外场试验管理情况——主要填写外场试验保密工作方案制定情况,采取了哪些保密管理措施。如单位是怎样制定履行外场试验保密制度的,制定是否有针对性,是否符合实际情况的外场试验保密工作方案,责任人是否落实,参试人员是否遵守试验现场管理规定情况,是否对无线通信和具有摄录功能的设备采取严格控制措施,对外场试验的涉密载体(密品、密件)是否采取安全措施,外场试验中保密工作机构人员参与情况,是否全过程跟踪等。

(十)协作配套管理

协作配套管理情况——主要填写本单位是否选择具有相应保密资格的单位分包涉密任务,与涉密协作配套单位签订合同是否明确项目密级和保密条款,并签订保密协议书;在合同签订与履行及其文本本身是否做到严格控制背景、用途等涉密内容,业务部门是否进行了监督、检查;对仅仅是背景、用途、数量涉密,而不具备保密资格条件,承担分包任务的单位采取了哪些保密监督措施,单位是否做到不提供配套研制项目技术要求以外的涉密信息,如何对协作配套过程中保密工作进行跟踪、管理等。

(十一)涉外管理

涉外管理情况——主要填写重要涉外活动是否制定保密工作方案,保密提醒制度执行情况如何,对外提供密品、保密文件(文件资料及物品)如何执行保密审查、审批的,保密工作机构是怎样进行涉外活动的监督、管理的等。

六、关于保密条件保障情况(合计5项)

(一)保密检查

保密检查情况——按照《标准》和《评分标准》中保密监督部分有关保密检查的形式和要求,陈述单位进行保密检查的具体情况。如单位是否6个月组织对单位的保密检查,涉密部门是否每月进行保密自查;对检查和自查的记录和报告是否归档;如何履行监督整改情况等。

（二）泄密事件查处

泄密事件查处情况——主要填写发生泄密事件的报告、补救措施、危害评估、组织查处的决定等过程是如何进行的。

（三）考核与奖惩

教核与奖惩情况——主要填写是否将保密工作纳入单位的绩效考核，对本单位领导、涉密部门、涉密人员履行保密责任考核情况；单位是否对保密工作做出成绩的单位和个人进行表彰、奖励，单位获得省部级以上奖励情况；是否对违反保密法律法规的行为进行处罚；对泄密事件的查处情况等。

（四）工作档案管理

工作档案管理情况——主要填写保密工作开展的文字记载和归档情况以及分类立卷情况。建议保密档案分类可以按照《标准》的排序进行，同时结合本单位认定的历史沿革进行整理即可。具体分类如下（仅供参考）。

1. 第一部分——保密责任类
（1）法定代表人或主要负责人保密责任卷；
（2）分管保密工作负责人保密责任卷；
（3）其他负责人保密责任卷；
（4）涉密部门负责人或本项目负责人保密责任卷；
（5）涉密人员保密责任卷。

该部分主要记录责任主体保密责任落实的全过程，主要收集各类责任主体保密职责、各级领导保密责任令（责任书）、履行职责情况、责任制考核情况等。

2. 第二部分——组织机构类
（1）保密委员会卷；
（2）保密工作机构卷；
（3）保密工作人员配备与管理卷；
（4）二级单位保密组织建设情况卷。

该部分主要收集保密委员会或保密工作领导小组成员职责分工及履行职责情况、保密组织建立和人员配备情况、职责分工和组织建设相关活动的工作记录情况等。

3. 第三部分——保密制度类
（1）基本制度卷；
（2）专项制度卷；
（3）业务制度卷。

该部分主要反映本单位基本制度建设的沿革及文本内容情况等。

4.第四部分——保密管理类

（1）定密管理卷；

（2）涉密人员管理卷；

（3）涉密载体管理卷；

（4）密品卷；

（5）要害部门、部位管理卷；

（6）信息系统、信息设备和存储设备管理卷；

（7）新闻宣传管理卷；

（8）涉密会议管理卷；

（9）外场试验管理卷；

（10）协作配套管理卷；

（11）涉外管理卷。

该部分主要反映单位按《标准》要求，逐项开展保密工作的具体内容的各种记录等。

5.第五部分——监督与保障类

（1）保密检查卷；

（2）泄密事件查处卷；

（3）考核与奖惩卷；

（4）保密工作经费保障情况（单位保密工作经费预算、决算等）；保密工作经费执行情况（管理经费、专项经费原始凭证及明细）；保密补贴执行情况；保密技术能力、保密检查设备配备情况等。

该部分主要收集单位开展保密工作发生的各种费用情况等。

6.第六部分——归口管理类

略。

（五）保密工作经费

（1）保密管理经费——主要填写单位将保密管理经费纳入单位年度财务预算情况；单位保密管理经费预算数额情况；保密管理经费实际支出数额情况，是否做到专款专用等；

（2）保密专项经费支出情况——主要填写单位保密专项经费实际支出情况等；

（3）保密工作机构技术检测设备配备情况——主要填写单位保密工作机构技术检测设备情况，是否具有满足工作需要的技术检查手段和能力等；

该部分的主要是将财务数据的原始凭证复印件装订备查等。

上述六方面的申请陈述完成之后，由单位法定代表人或主要负责人签字，郑重承诺本单位符合申请保密资格等级应当具备的基本条件，所填报的《申请书》内容真实，并保证《标准》在本单位的执行，履行本人所应承担的责任，然后签署姓名、时间。

再上报《申请书》到上级部门进行审核，如果没有上级部门的，应当经省级国防科技工业主管部门或所在地的地市以上保密行政管理部门审核。审核同意之后，将《申请书》填写一式四份，在封面盖单位印章，并制作电子版上报认定办。

《申请书》按照模板的制式自行印刷，内容填写不下的，可以增页填写。

《申请书》内容不应涉及国家秘密,通常按内部文件资料管理。

第二节　《申请书》填写样例

《申请书》填写样例见表3.1。

表3.1　《申请书》填写样例

单位名称	A 公司(对外名称)		
社会统一信用代码			
单位性质		法定代表人	
单位人数		涉密人员数	
注册地址			
科研生产(办公)地址			
通信地址			
邮政编码		联系电话	
单位创建时间		是否为上市公司	☐是　☐否
注册资金		固定总资产	
股权结构	无此项		
外国国籍、境外永久居留权或者长期居留许可及涉外婚姻关系情况	A 公司法定代表人、主要负责人、高级管理人员以及承担涉密武器装备科研生产任务的人员,无外国国籍、境外永久居留权或者长期居留许可,无涉外婚姻关系		
证券监管机构的行政处罚情况	无此项		
单位概况	一、所属行业及成立时间、变迁情况 二、业务范围及取得的相关资质情况 三、承担军工科研生产任务情况 A 公司主要承担××研究任务,主要包括理论、试验、应用等。 在××研究的基础上,将××研究成果转化为产品,主要包括××、××等产品。 此外,A 公司也从事××产品研发,已承担完成了多项国家重点××工程中的××、××与××的研制与生产任务,在××研制方面处于国内领先水平。 四、周边环境情况 A 公司各工作区域均有独立、封闭的周界围墙,其中办公区、科研区和材料生产区均位于××集团××院统一管理的工业区内,各出入口有武警值守,园区内安全可控,周边环境相对安全。 做到了人防、物防、技防有机结合,定期开展安全防范设施的检查、维护、保养工作,建立了与属地各级政府、国安部、派出所、警务室的多级响应机制,定期开展对场区周边安全状况巡察,随时关注周边环境的异常苗头并快速处置,切实从源头上遏制突发事件发生,截至目前,试验场周边环境相对安全、运行平稳		

表 3.1(续 1)

申请理由	一、A 公司拟申请一级保密资格。 二、A 公司是国家××骨干单位,已经承担了国家的××级以及大量××级、××级科研生产任务。 三、我单位符合各项保密资格申请条件,具体情况如下: (一)A 公司是在中华人民共和国境内依法登记注册的企业单位法人,自××××年成立至今,无违法犯罪记录。 (二)单位承担了我国大量××研究和试验、××性能和××特性评估以及××研制生产等任务,完成了多项国家重点××项目中的××、××与××系统的研制与生产任务。 (三)单位法定代表人、主要负责人、高级管理人员以及其他涉密人员,均具有中华人民共和国国籍,无境外永久居留权或者长期居留许可,与境外(含港澳台)人员无婚姻关系。 (四)单位依法建立了较为完备的保密管理体系和保密责任制度;保密工作机构为内设机构,独立行使保密管理职责;场所、设施、设备防护符合国家保密规定和标准。 (五)多年来未发生泄密事件。 四、依据《×××保密资格认定办法》第三条、第五条、第十三条规定,A 公司具备申请一级保密资格基本条件,决定申请一级保密资格

保密责任落实情况

法定代表人或主要责任人	上年度至本年度解决的保密工作重要问题: 单位法定代表人×××高度重视保密工作,带头遵守保密各项规章制度,狠抓保密责任制落实与考核。 一、认真学习上级文件要求和指示精神,保证党和国家有关保密工作的方针、政策和法律法规以及上级有关保密工作的指示精神在 A 公司的贯彻落实,确保《×××一级保密资格标准》在 A 公司得到有效执行。 二、亲自担任 A 公司保密委员会主任,自××××年××月上任以来,多次主持召开保密委员会会议,组织、传达、部署上级文件精神,及时研究、解决保密工作重要问题,将重大保密工作事项纳入保密委员会会议以及党政联席会进行专题研究,为保密人员配备、经费使用等提供了充分的保障条件。在单位年度工作会、保密委员会及其他重大会议中把保密工作与科研生产工作一同进行策划、部署和总结,及时对上级重要文件要求予以批示、布置,强力推进保密工作与业务工作的深度融合,把保密管理与履职情况作为对领导干部考核的重要内容之一。 三、单位党政负责人严格落实"党政同责、一岗双责"的要求。 ×××多次强调安全保密是单位科学、快速发展的前提和保障,他要求领导干部带头践行保密承诺,涉密人员应做到"知行合一",做好保密工作首先要解决思想意识上的问题;结合国家法规、政策的要求以及保密认定新办法、新标准,组织修订了《A 公司保密管理章程》,有效推进了各项业务工作与保密工作的深度融合;坚持保密工作"零容忍",持续加强安全保密风险管控,采取突击方式多次对单位重要场所进行保密检查,提出"隐患必整改,违规必追责"的要求;狠抓安全保密长效机制建设,要求对违反保密规定的行为及时进行处理与公示。

表3.1(续2)

	×××书记在机构设置、涉密人员管理和保密文化建设等方面给予高度重视,将保密工作责任落实情况纳入对中层领导干部、对员工的考核;结合八部委和国家保密局、国防科工局对涉密人员管理的新要求,指导人力资源部重新梳理编制了《A公司涉密人员保密管理规定》;结合创先争优、党支部建设等工作对领导干部、党员提出了明确要求,把保密教育融入党组织活动,充分体现了党管保密的优势与担当,着力强化涉密人员保密意识和保密常识教育。 　　四、单位党政负责人坚持"铁腕治保密",将保密工作纳入单位责任考核与经营业绩考核体系,每年与单位其他分管业务领导、部门领导签订保密工作责任书,把保密工作考核指标纳入年度经营业绩责任;坚持保密委员会成员年度履职报告制度;在年度考核评优工作中坚持保密工作"一票否决制"
分管保密工作负责人	上年度至本年度在保密工作方面抓的几项主要工作: 　　一、认真学习并贯彻落实党和国家有关保密工作的政策、法律法规以及上级有关保密工作的指示精神,严格对照《×××一级保密资格标准》组织开展保密工作。 　　二、依据《×××保密资格认定办法》,对照《×××一级保密资格标准》,带领保密处人员分析保密管理体系中存在的问题和差距,组织全所的保密资格认定对标、整改工作。 　　三、组织召开保密委员会会议,及时组织研究和部署保密工作,组织制定年度保密工作要点,主持修订《A公司保密管理章程》及相关保密工作制度,组织对《×××保密资格认定办法》以及《×××一级保密资格标准》的宣贯,抓好安全保密防范工作,尤其注重建立长效机制。 　　四、坚持定期指导、检查各部门保密工作和保密领导责任制的落实情况,及时发现并消除保密安全隐患。组织开展涉密人员保密轮训,深化保密风险管控,将保密工作纳入单位保障监督体系,对违反保密规定的部门和部门领导进行亮牌与警示。 　　五、注重抓安全保密队伍建设,监督检查保密工作机构履行职责情况,对保卫保密干部、机要密码和涉密信息系统"三员"高标准、严要求,积极协调落实保密工作中所需的人、财、物等保障条件,关心保密工作人员的身心健康,培养保密干部成长成才
其他负责人	上年度至本年度在保密工作方面做的实际工作(按分工分别填写): 　　单位各业务分管领导按照"业务工作谁主管、保密工作谁负责"的原则,将主管工作与保密工作"五同时",对主管业务工作范围内的保密措施落实情况进行监督检查,协调落实保密工作开展所需的条件保障。 　　一、××注重加强××规划和××论证等方面的保密工作,组织对论文、学术报告等进行保密审查,对重要涉密项目的外场试验、涉密载体等管理高度重视。 　　二、××主管××任务、××生产、××体系管理,要求把保密工作渗透到科研生产的各个环节,明确在涉密协作配套、涉密合同签订、外场试验等工作中落实监督管理职责。 　　三、××主管××产业、民用产业、国际化经营项目以及部分××研制项目管理,注重加强对××项目、军品研制项目和民品项目中涉及的国家秘密事项、商业秘密事项的保密工作。 　　四、××主管预先研究知识产权、财务、信息化、档案、××设备的管理工作,注重加强信息安全、定密工作,对涉密信息系统建设和定密管理的工作提出具体要求并督促落实。同时担任信息安全工作小组组长、定密工作小组组长

表 3.1(续 3)

涉密部门或项目负责人	上年度至本年度在保密管理方面结合实际落实的具体措施： 一、按照 A 公司保密管理规定,落实领导责任制要求,对本部门、本项目的保密工作负直接领导责任;成立部门保密工作小组,指定兼职保密员、兼职信息员,贯彻执行保密委员会的工作部署和单位保密制度,履行保密工作职责,确保各项保密管理要求在本部门、本项目的落实。 二、结合本部门、本项目的业务特点,细化保密责任,明确本部门、本项目人员的岗位保密职责,组织签订本部门保密责任书及专项保密责任书,对本部门、本项目承办的重要事项进行保密审查,按照工作需要控制国家秘密知悉范围。 三、宣传贯彻上级的保密工作指示精神,分析并掌握本部门、本项目保密工作重点,将保密要求融入业务管理制度中并组织实施;在布置业务工作时同步落实相关保密要求并监督、检查,组织开展对部门、项目内的涉密人员进行月度、年度考核。 四、组织开展部门、项目内的保密教育培训和保密文化活动,确保涉密人员培训达每年 15 学时以上,组织开展部门、项目的保密检查,组织整改保密隐患和问题,配合查处违规行为和泄密事件
涉密人员	上年度至本年度在保密管理方面结合实际落实的具体措施： 一、认真学习《×××保密资格认定办法》《×××保密资格标准》、保密法律法规和规章制度,熟悉掌握本岗位保密事项、工作重点和保密职责,对接触和知悉的国家秘密负有保密责任和义务,对本职岗位的保密工作承担直接责任。 二、按要求签订保密责任书、保密承诺书;积极参加上级、单位、部门以及党支部组织的各种保密教育培训活动,落实年度培训 15 学时要求,通过涉密人员保密知识闭卷考试,掌握保密知识和安全防范技能。 三、按照各级保密管理制度要求,严格履行各项保密工作程序,按照流程办事,有错必纠、有错必改。 四、自觉接受上级机关、保密委员会、保密工作机构和本部门组织的检查与考核,自觉履行涉密人员保密责任和义务。 五、按照要求如实填写涉密人员审查信息,执行重大事项报告制度。 六、及时报告泄密隐患,制止和纠正违法违规行为

归口管理情况

归口管理	上年度至本年度在保密工作方面做的实际工作： 一、根据各项涉密业务属性,结合本单位内设部门机构的职能,坚决执行"业务工作谁主管,保密工作谁负责"的原则,主要业务归口情况如下： <table><tr><td>序号</td><td>部门</td><td>主管业务</td></tr><tr><td></td><td></td><td></td></tr><tr><td></td><td></td><td></td></tr><tr><td></td><td></td><td></td></tr><tr><td></td><td></td><td></td></tr></table>

表 3.1(续 4)

二、归口部门主要完成以下工作:

(一) ××部门制定了《A公司××部门考核办法》(发文号)、《A公司展厅管理办法》(发文号)、《A公司会议室使用管理规定》(发文号)。

(二) ××部门对分管项目的外场试验、涉密会议、外协配套合同负责,组织建立业务管理档案。××部门主管定密工作,根据《标准》要求修订了《A公司定密管理办法》,每年组织修订《A公司定密细目》,下发了《A公司型号外协工作管理办法》(发文号)。××部门编制下发了《A公司预先研究工作管理办法》(发文号)、《A公司基层单位综合考核管理实施办法》(发文号)。

(三) ××部门结合国家保密局和国防科工局等文件要求,制定了《A公司涉密人员保密管理规定》(发文号)、《A公司因私出国(境)人员审批管理实施细则》(发文号)、《A公司员工考核办法》(发文号),组织开展岗位定密、涉密人员复审以及重大事项报告等工作。

(四) ××部门组织对《办法》《标准》的学习,对标制订信息安全整改专题计划,组织开展计算机自查,制定并组织实施了"涉密载体全生命周期管理系统"的建设与升级改造,会同保密工作机构组织了涉密载体专项检查。

(五) ××部门年度内组织修订了《A公司宣传工作管理规定》(发文号)、《A公司摄影摄像管理办法》(发文号),负责保密宣传用品的制作

保密组织机构情况

保密委员会或保密工作领导小组(成员)	保密委员会成员及职责分工情况:		
	姓名	部门及职务	职责分工
	××		保密委员会主任,对单位保密工作负全面领导责任,主持保密委员会的工作,组织制订保密工作计划和中长远规划,保证《标准》的贯彻实施
	××		保密委员会副主任,按照"党政同责"的原则,协助保密委员会主任做好保密管理工作,负责"七类人员"的管理,负责型号批生产、物资管理范围内的保密管理工作,重点加强宣传报道、新闻采访等方面的保密管理工作,负责A公司的保密文化建设工作
	××		保密委员会副主任,负责科技委及分管项目内的保密管理工作,重点加强组织落实××规划和重大××论证等方面的保密管理工作,负责组织对论文、学术报告等进行保密审查
	××		保密委员会副主任,重点加强固定资产投资、测试任务、××生产、××体系等分管业务范围内的保密管理工作
	××		保密委员会副主任(常务),对A公司保密工作负具体领导责任,及时研究、部署保密工作,协调解决保密工作中的重点、难点问题,对保密工作的落实情况组织监督检查,组织对单位和部门负责人的检查,同时负责纪检监察、工会、共青团、行政保卫、机要密码等方面的保密管理工作
	××		保密委员会副主任,负责××产业、民用产业、国际化经营项目、资产运营管理范围内的保密工作

表 3.1(续 5)

姓名	部门及职务	职责分工
××		保密委员会副主任,协助保密委员会主任负责信息安全工作,负责综合计划、××实验室、预先研究、知识产权、财务管理等方面的保密工作,重点加强信息化工作,信息系统、信息设备及各类存储设备等的保密管理工作
××		保密委员会成员,负责××部门职责范围内的保密管理工作,重点加强改革与体制机制调整、公文管理、机要与密码管理、办公自动化设备管理、重大涉密会议(活动)、重要参观接待、科技委员会学术活动及互联网室的使用等业务的保密工作
××		保密委员会成员,负责××部门职责范围内的保密管理工作,重点加强发展规划、经济运行、技术创新、知识产权及成果、合同管理、资产运营、××实验室管理等业务的保密工作
××		保密委员会成员,负责××部门职责范围内的保密管理工作,重点加强科研生产、物资采购、外事外贸、试验测试、密品管理等方面的保密工作,履行定密工作办公室主任职责
××		保密委员会成员,负责××部门职责范围内的保密管理工作,重点加强固定资产投资及建设项目的保密工作
××		保密委员会成员,负责××部门职责范围内的保密管理工作,重点加强××项目范围内的保密工作
××		保密委员会成员,负责××部门职责范围内的保密工作,负责保密管理经费、保密专项经费的筹措、拨付、账目整理等工作
××		保密委员会成员,负责××部门职责范围内的保密管理工作,重点加强××质量、工艺技术、计量、仪器设备管理等保密工作
××		保密委员会成员,负责××部门职责范围内的保密管理工作,重点加强对"七类人员"的保密管理,负责涉密人员因私出国(境)的管理,组织对各级领导干部保密领导责任制落实情况的考核,对岗位定密、加强涉密人员管理提出意见和建议,制订涉密人员保密教育培训年度计划,组织开展保密培训等工作
××		保密委员会成员,负责××部门职责范围内的保密管理工作,重点加强宣传报道、新闻采访及摄影摄像等保密工作和保密审查工作,协助组织保密宣传教育活动
××		保密委员会成员,负责××部门职责范围内的保密管理工作,重点加强行政保卫安全管理,组织落实要害部门、部位的人防、物防、技防要求
××		保密委员会成员,负责××部门职责范围内的保密管理工作,重点加强保密日常工作、保密教育和监督检查,组织查处失泄密事件等工作

表 3.1(续 6)

姓名	部门及职务	职责分工
××		保密委员会成员,负责××部门职责范围内的保密工作,重点加强纪检监察、审计、法律事务、风险管理等工作
××		保密委员会成员,负责××部门职责范围内的保密管理工作,重点加强全所各门类档案的综合管理的保密工作
××		保密委员会成员,负责××部门职责范围内的保密管理工作,重点加强科研生产安全监管过程中的保密工作
××		保密委员会成员,负责信息化发展规划的论证及信息化项目的组织协调工作,重点加强信息系统、信息设备、存储介质的信息安全建设和日常管理等方面的保密工作
××		保密委员会成员,负责配合××部门开展信息化规划及建设,重点加强信息系统、信息设备、存储介质的信息安全运行维护等方面的保密工作

保密工作机构情况(成员)	保密工作机构设置情况: 保密工作机构为 A 公司内设机构,在保密委员会领导下独立行使保密管理职能,保密工作机构人员编制×人,党委副书记、纪委书记××同志是分管保密工作机构的单位负责人。保密工作机构现有专职保密干部×人,均为本科以上学历
	保密工作机构负责人姓名、职务及任命文号: ××,保密工作机构部长,大学本科学历,高级工程师,任命文件见《关于××等五名同志聘任免职的通知》

专、兼职工作人员

专、兼职工作人员情况:

姓名	性别	年龄	职务	学历及专业	保密培训情况

表 3.1(续 7)

保密委员会或保密工作领导小组(工作内容)	上年度至本年度抓的重点工作:
	一、贯彻执行党和国家保密工作的方针、政策,组织并监督国家保密法律法规及上级保密规章制度、《标准》在 A 公司的落实,确保上级下达的各项保密工作任务的完成。
	二、坚持例会制度,审定年度重点工作和专项计划,研究、部署重要工作,解决保密工作中的重大问题。
	三、强化保密责任,每年度分别与所级领导、部门领导签订保密责任书,层层落实保密责任;加强保密监督、检查,年底对各部门涉密负责人、涉密人员进行专项考核,并将考核结果纳入对各部门综合考评,严格奖惩。
	四、审议通过了《A 公司保密管理规定》《A 公司保密委员会工作规则》《A 公司保密资格认定工作计划》等一系列保密规章制度和措施;评选了年度保密先进个人。
	五、组织开展全所涉密人员保密教育培训活动,开展安全保密专题宣传教育月活动;组织 × 名涉密人员参加国家保密局举办的保密轮训活动,并取得全优的好成绩;组织《标准》宣贯,组织开展新一轮保密资格认定准备工作。
	六、组织对保密领导责任制落实情况的监督、检查,年度内对单位负责人进行保密检查,审议保密委员会成员的年度保密工作履职情况报告;组织对单位安全保密综合管理情况检查,及时消除泄密隐患。
	七、组建了所保密认定领导小组、工作小组及各类专项小组。
	八、根据《××集团公司保密总监设立方案》和《××集团公司保密总监管理办法》(发文号)的相关要求,拟定了单位保密总监建议人选,已经上报上级人力资源部,待上级的批复通知
保密工作机构(工作内容)	上年度至本年度抓的重点工作:
	一、依据上级工作要求,编制下发年度保密工作要点和工作计划。
	二、贯彻落实国家和上级保密工作方针、政策、法规和各项要求,研究 A 公司保密重点工作;向保密委员会提出工作建议,组织落实保密委员会的工作部署;组织年度保密工作总结与考核,组织完善保密管理制度。
	三、组织各部门修订了《A 公司保密管理规定》,于××××年××月正式实行,指导各部门将保密管理要求融入业务工作制度中。
	四、组织单位和二级单位进行年度保密责任书的签订,将保密考核纳入部门、个人年终绩效考核范畴,落实保密责任监督、强化日常监管,确保保密责任制有效落实。
	五、配合人力资源部组织完成涉密人员分类确定、复审;督促、指导涉密信息系统风险评估工作;监督信息设备和存储设备的保密管理,组织载体集中销毁工作。
	六、结合《标准》的宣贯组织开展保密宣传月教育活动,多次组织专、兼职保密,信息化人员参加军工保密资格认定中心和单位组织的保密教育培训。
	七、组织确定 A 公司保密要害部门、部位设置与调整方案,并组织申报。监督、指导要害部门、部位人防、物防、技防措施的落实。

表 3.1(续 8)

八、监督、检查重要涉密会议、外场试验、涉外等重要活动的保密管理工作。

九、组织开展综合保密检查和专项保密检查,按季度组织完成对各部门及负责人的保密检查,监督保密隐患整改,落实保密奖惩。

十、建立并完善保密工作档案,督促各部门完善二级保密工作档案

保密制度建设情况	
基本制度	制度名称、文号、生效时间: 《A公司保密管理规定》(发文号),××××年××月生效,共二十章,无缺项。 第一章 总则 第二章 保密组织机构及职责 第三章 保密责任制 第四章 国家秘密定密管理 第五章 人员管理 第六章 保密教育培训 第七章 国家秘密载体 第八章 密品管理 第九章 保密要害部门、部位管理 第十章 信息系统、信息设备和存储设备管理 第十一章 新闻宣传、对外交流、参观实习管理 第十二章 涉密会议、活动保密管理 第十三章 协作配套管理 第十四章 涉外活动管理 第十五章 外场试验保密管理 第十六章 保密监督、检查 第十七章 泄密事件报告和查处 第十八章 保密考核与奖惩管理 第十九章 保密工作档案管理 第二十章 附则
专项制度	制度名称、文号、生效时间: 针对××工程任务的安全保密管理要求,制定了《××工程保密管理规定》,于××××年××月生效

表 3.1（续 9）

保密监督管理情况

定密管理	定密工作情况： 一、定密权限 ××××年××月，下发了《关于印发 A 公司保密委员会工作规则的通知》（发文号），进一步明确了 A 公司定密工作小组成员和相应职责，由分管科研生产的副所长任组长，定密办公室设在科学技术部。 A 公司定密工作实行定密责任人制度，法定定密责任人指定的定密责任人根据授权对分管业务和主管的研制项目范围内的定密工作负责，指定的定密责任人不能再次指定其他人员为定密责任人。 二、定密工作程序 （一）定密工作步骤 1. 依据甲方下达确定的任务密级执行；甲方没有确定密级的，依据《A 公司国家秘密事项保密范围细目》，由承办人提出定密的初始意见。 2. 定密审核人对承办人拟定的密级、保密期限和控制范围以及申报程序是否规范、申报内容是否准确、标密是否规范等进行审核。 3. 定密责任人对待定事项是否涉密，定密依据是否充分，拟定密级、保密期限和控制范围是否准确等予以最终审批确定。 4. 密级和保密期限确定后，如发现不符合国家有关保密范围规定的，及时予以纠正，涉密项目密级调整按照相关规定进行。 （二）国家秘密的变更、解除程序 1. 承办人提出变更或者解除意见，填写《项目密级变更、解除审批表》。 2. 部门或项目负责人审核。 3. 定密责任人审批。绝密级事项的变更、解除须报单位法定定密责任人审批。 （三）岗位定密程序 1. 涉密部门领导根据岗位分工，提出涉密岗位（人员）密级的拟定意见。 2. 定密小组办公室（科研主管部门、人力资源部、保密工作机构）复核确认岗位名称、岗位密级、岗位相对应的人员。 3. 保密委员会领导（业务主管单位领导）审批。 三、开展的主要定密工作 A 公司成立定密工作小组，由 A 公司主管××品科研生产的负责人和科研生产业务主管部门、人力资源部、保密工作机构等部门人员组成，负责协调、解决定密工作中不明确、有争议的事项，并协助法定定密责任人审核《保密范围细目》。所属各部门负责主管业务项目的最高密级和其他涉密事项定密审批、拟制报批以及定密后台账的建立和管理工作。 确定了所定密责任人的范围和人员，并履行以下职责： （一）制定定密工作规则，明确定密工作的职责分工和审批流程。 （二）提出单位指定定密责任人人选建议，报法定定密责任人审批并发文。 （三）组织定密责任人梳理、汇总、编制《保密范围细目》。 （四）组织开展单位涉密事项确定、变更和解除工作。 （五）协助定密责任人履行定密工作职责。

表 3.1(续 10)

（六）会同保密工作机构开展定密工作检查。

（七）负责完成定密领导小组交办的其他任务。

自××××年以来,每年组织更新《A 公司年度定密细目》,根据人员岗位变动更新指定定密责任人名单;每年对部分涉密事项的密级进行调整;审定涉密岗位设定表;审定 A 公司禁止通过商密网流转信息参考清单

定密责任人情况:

一、定密责任人授权情况

根据《国防科工局关于授予××集团公司及××家所属单位国家秘密定密权的通知》(××号),A 公司具有绝密级、机密级、秘密级定密权限,××为单位法定定密责任人,共授权××人为单位定密责任人。

二、定密责任人培训情况

A 公司单位定密责任人中有××人参加了上级举办的定密责任人培训,通过了现场考核并取得了定密责任人培训证书。其他定密责任人参加单位定密责任人培训,取得相应定密资格

本单位国家秘密事项范围确定情况:

一、国家秘密事项范围确定的主要依据

《A 公司保密管理规定》第二十三条规定,定密主要依据为:

（一）《中华人民共和国保守国家秘密法》及《实施条例》;《国防科技工业国家秘密范围规定》及其《目录》;中华人民共和国科学技术部与国家保密局联合印发的《科学技术保密规定》。

（二）军方或总体单位下达的武器装备科研生产涉密项目密级。

（三）中央军委装备发展部有关文件。

（四）中央国家机关与国家保密局制定的各行业、各领域《国家秘密及其密级具体范围规定》;中央国家机关或单位下达的其他涉密科研项目密级。

（五）《A 公司保密管理规定》《A 公司国家秘密具体范围规范》及《A 公司各部门国家秘密定密细目》。

（六）《A 公司国家秘密具体范围》及其《目录》。

（七）《A 公司国家秘密事项保密范围》及其《定密细目》。

二、A 公司国家秘密事项范围确定情况

（一）根据《国防科技工业国家秘密范围规定》和上级单位的相关文件要求,制定了《A 公司定密工作管理规定》(×号)和《A 公司国家秘密事项保密范围细目》(×号),确定了××项国家秘密具体范围。

（二）按照保密要求控制发文范围,按照科研生产任务分工、涉密人员等级划定知悉范围;防止高密低传、低密高知

确定和调整密级情况:

一、涉密事项确定情况

根据《A 公司国家秘密事项保密范围细目》,确定《A 公司××××年度定密细目》,共确定涉密项目××项,其中机密级项目×项,秘密级项目×项。

表 3.1(续 11)

二、涉密事项或项目调整及密级变更情况

依据《A 公司国家秘密事项保密范围细目》××部门每年组织开展密级确定和调整工作,近两年调整情况如下:

年度	绝密级	机密级	秘密级
××××			
××××			

涉密人员数量情况:

人员类别	人员数量
核心涉密人员	×
重要涉密人员	××
一般涉密人员	××
合　计	××

涉密人员管理

上年度至本年度做的主要工作:

一、涉密岗位密级界定情况

A 公司按照"以项定岗,以岗定人"的原则将岗位分为三级,即绝密级岗位、机密级岗位、秘密级岗位,涉密人员分为三类,即核心涉密人员、重要涉密人员、一般涉密人员。涉密人员岗位或职责发生变化后,及时变更其涉密等级。

二、涉密人员审查情况

按照所内涉密人员管理规定,人力资源部会同保密工作机构对人员进行岗前审查,采集《涉密人员档案》信息,审查重点是其政治表现和现实表现,对其人事档案、经历进行审查确认。审查合格的,审批涉密人员涉密等级。

三、涉密人员教育培训情况

(一)保密工作机构研究提出涉密人员保密教育培训计划,由人力资源部纳入单位年度培训计划,保证专职保密干部和信息技术人员取得上岗资质,保证涉密人员每年接受不少于 15 学时的保密教育培训。

(二)人力资源部坚持先培训后上岗、先教育再离岗,确保涉密人员上岗、在岗、离岗每个环节都接受保密教育培训。涉密人员参加试验队、出国(境)等活动前,均接受保密教育。

(三)涉密人员保密教育培训采取以会代训,举办讲座、参观、音像教育、知识竞赛、技术演示、保密知识测试、网络学习等多种方式,确保教育培训成效。

四、保密责任书(承诺书)签订情况

涉密人员进入涉密岗位即与单位签订《涉密人员保密责任书》和《上岗人员保密承诺书》;每年度与各部门领导签订年度保密责任书;每年自查个人手机的使用情况,签订专项承诺书。根据工作需要组织涉密人员签署专项保密承诺书。

五、保密补贴发放情况

(一)保密补贴由各部门每月考核后发放,结合工作开展及保密工作情况等,考核员工保密工作情况,并将考核结果报保密工作机构、人力资源部确认执行。

表 3.1(续 12)

	(二)每年末由各业务主管部门对涉密部门负责人、涉密人员年度保密工作情况进行考核打分,进一步细化涉密人员考核要求。将涉密人员年度保密工作情况与个人年度综合考核、专项考核挂钩,对存在违规行为的个人取消其年度内评优资格。 六、离岗和脱密期管理情况 人员调离涉密岗位时,履行审批手续,清退所有涉密设备和载体,并签订《离岗离职保密承诺书》,明确其脱密期内需要承担的保密责任和义务;脱密期未满的人员,不解除其因私出国(境)信息备案。××××年以来,因工作调动离职离岗××人,退休××人,上述人员均办理了离岗手续。 七、出国(境)管理情况 严格实行涉密人员出国(境)保密审批手续,执行出国(境)证件集中保管制度;做到了行前教育、行后回访,并留存记录。 (一)因公出国(境)管理 按照业务归口管理,人力资源部负责出国(境)培训团组安全保密管理,××部门负责考察、会议、展览、军贸等出国(境)团组安全保密管理。出国(境)前,组织对出国(境)人员行前安全保密教育,明确保密纪律,提出保密要求,业务部门组织签订保密承诺书。××××年以来因公出国(境)人员共计×人次。 (二)因私出国(境)管理 人力资源部负责因私出国(境)证件的集中管理,制定管理规则,采取"一事一批"原则,由涉密人员提出申请,所在部门、保密工作机构、党政部、信息化与档案部、安全保卫部、纪审法处等部门审核,经单位主管所领导审批(重要涉密人员由上级单位审批,核心涉密人员原则上不得因私出国(境))。××××年以来 A 公司共审批涉密人员因私出国(境)×人次,实际出国(境)×人次。 八、涉密人员备案情况 实行涉密人员信息统一备案制度,由人力资源部统一向××市公安局出入境管理处报备,截止至××××年××月 A 公司共报备××人
国家秘密载体管理	上年度至本年度做的主要工作: 一、国家秘密载体的管理坚持"全程受控、确保安全"的原则,A 公司已逐步建立起国家秘密载体全生命周期信息化管控平台。 二、《A 公司保密管理规定》中要求在制作、收发、传递、使用、复制、保存、维修和销毁等各环节落实以下管理措施: (一)采取技术措施,实现了纸质国家秘密载体集中制作的统一管理;电子数据的输入、输出采取集中管控。 (二)国家秘密载体从制作直至回收的各个环节,均严格履行审批程序,有效控制国家秘密知悉范围。涉密载体的保存实行单位、部门、个人三级台账管理。 (三)国家秘密载体向所外传递通过机要渠道或指定专人负责传递,履行签收手续。 (四)严格控制国家秘密载体知悉范围,确需对外提供的办理《对外提供涉密载体审批与安全保密承诺书》,若在载体制作时已经明确对外提供或携带外出信息的,不再另行办理此项审批,严禁向无关单位和非涉密单位提供国家秘密载体。 (五)阅读和使用国家秘密载体,在符合保密要求的场所进行,不得将国家秘密载体带回家中或带到不符合保密要求的场所。

表 3.1(续 13)

	（六）国家秘密载体销毁，由各归口部门按审批意见履行清点、登记、回收手续，保密工作机构组织统一送交国家保密行政管理部门指定的单位销毁，并留存销毁台账。 （七）涉密人员离岗、离职时，按规定清退所有国家秘密载体（涉密计算机、密钥、保密本、各类文件资料等），由所在部室和相关职能部门监督检查并签署意见后，办理离岗、离职等手续

密品管理	上年度至本年度做的主要工作：
	
	    一、密品应在其壳体及封面、外包装的显著位置标注国家秘密标志，由于军用产品的外观、包装均有明确要求，在目前暂无法进行标注的情况下，采取在密品技术说明书（或履历书等）中标注的方法，并提出相应的保密措施。
	
	    二、科研管理部指定专人管理密品，建立台账，台账包括所属型号、任务、密品名称、密级、责任部门、责任人、存放地点等信息。密品交付时，填写交付时间、接收单位，由接收人签收。××部门及时清点库存密品，做到账物相符。
	
	    三、密品存放在有防护措施的部位，严禁无关人员参观。对外形和构造容易暴露国家秘密的密品，在研制、生产、运输、保存、维修、使用过程中对其采取遮挡或者其他保护性措施。通过特殊渠道获取的密品，采取严格的保密措施，严禁扩大其相关保密内容（如渠道、来源、国别等）的知悉范围。
	
	    四、密品在各环节的交接中，均履行严格的登记、签收手续。有特殊要求的密品，在出厂前对可能暴露国家秘密信息的文字标志、特征标志采取伪装或删除等措施。
	
	    五、密品禁止通过普通邮政、快递等渠道传递。重要密品运输制定安全保密方案，对运输过程安全保密情况进行翔实记录。
	
	    六、绝密级或数量较多的机密、秘密级密品运输，有保卫人员或申请武警负责押运。
	
	    七、需要乘公共交通随身携带的密品，必须由两人或两人以上同行共同负责，需要时到安全保卫部办理相应免检手续。
	
	    八、密品的检修和维修原则上应由单位专业技术人员负责；需外单位人员维修的，有本单位人员全程监督进行。
	
	    九、密品的销毁履行审批手续，经审批同意后选择有相应资质的单位进行，指定人员监督销毁，确保密品被销毁后不再具有国家秘密信息，严禁将密品作为废旧物品处理

保密要害部门、部位确定情况：

经保密委员会主任审定并报上级保密工作机构同意，A 公司确定了保密要害部门×个、保密要害部位×个，详情如下：

保密要害部门、部位管理

序号	名称	类别	确定时间	具体位置
1				
2				
3				
4				
5				
6				

表 3.1(续 14)

| 信息系统、信息设备和存储设备管理 | 保密防护措施落实情况：
一、保密要害部门、部位制度建设情况
《A 公司保密管理规定》(发文号)第九章对保密要害部门、部位管理进行了明确规定。
二、保密要害部门、部位人防、物防、技防情况
　(一)人防措施：单位配备了值班人员，对要害部门、部位的视频监控实行 24 小时防范值守。外部人员进入须办理登记手续，由 A 公司员工全程陪同，会客完毕后送出。值班人员由正式员工与保安人员组成，承担技防、消防中控室的监控、值班。进入保密要害部门、部位实行进入审批和登记制度，对管理情况进行定期检查。
　(二)物防措施：配备了密码文件柜、防盗门、防盗窗；要害部门、部位外配备手机放置柜。
　(三)技防措施：××要害部门的各个房间以及××、××要害部位房间均安装了独立门禁，只有授权人员可凭出入证刷卡且输入门禁密码方可进入；××和××两个要害部位设置有物理区域隔离，只有授权人员才可刷卡进入隔离区域，如需进入要害部位房间内，则须再次刷授权卡。
　要害部门、部位所在楼宇安装了身份识别装置、电子门禁系统、视频监控系统、红外防入侵探测器等，楼宇外部设有周界报警和区域视频监控 |
| | 涉密信息系统建设、防护情况：
一、涉密信息系统建设情况。
　A 公司涉密信息系统为局域网，系统密级为××级(增强)，建有协同办公系统、安全电子邮件、预算与资金管理系统、×系统、×系统、×档案系统、会议系统、计量管理系统等应用系统，分布在 A 公司×号楼、×号楼、×号楼和×号楼等物理区域。
　二、××××年××月通过国家保密科技测评中心分中心(以下简称"×测评分中心")组织的涉密信息系统安全保密测评，后分别于××××年××月、××××年×月两次通过了涉密信息系统风险评估，××××年××月获得了国家保密局颁发的《涉及国家秘密的信息系统使用许可证》(证书编号：××××，有效期到×××年××月××日止)。
　三、A 公司涉密信息系统不存在远程传输。
　四、涉密信息系统技术防护措施如下：
　(一)实现物理隔离。涉密信息系统与国际互联网等公共通信网络均实行物理隔离。
　(二)防止电磁辐射泄漏。×号楼和×号楼由于布线时间较早，采用非屏蔽双线缆，因此安装了线路传导干扰器，×号楼和×号楼综合布线采用屏蔽线缆，与其他非涉密网络线缆之间的距离满足安全要求。给涉密计算机配备红黑隔离电源。对安全距离较小的涉密计算机显示器安装微机视频信息保护系统。
　(三)网络边界防护与应用系统的访问控制。A 公司涉密信息系统划为用户终端、对内涉密应用、对外涉密应用、非涉密应用五个安全域，安全域内通过防火墙与核心交换机设置访问控制策略来对各区域进行安全防护，并配备了 IDS 对网络行为进行监控。采用了防火墙和交换机对涉密网边界进行访问控制。用户终端按照业务部门和计算机密级、会议终端按"会议室"、服务器按"用途"分别划分了 VLAN，各 VLAN 允许访问服务器，但相互之间不允许访问。按照用户范围进行了授权，采取基于角色的访问控制策略，用户根据各自角色访问相应的信息。
　(四)强化身份鉴别。涉密计算机登录采取××主机监控与审计系统的 USB KEY + Pin 码的身份鉴别方式，采用××安全中间件及其数字证书提供身份鉴别 |

表 3.1(续 15)

涉密信息设备建设、防护情况：

一、A 公司有单台涉密信息设备。

二、涉密信息设备的最高密级为机密级。

三、涉密信息设备主要包括联网计算机、单机、便携式计算机、打印机、复印机、投影仪、摄像机、照相机等。

四、涉密信息设备主要采取以下措施：

（一）终端和应用系统的安全审计与监控。涉密计算机采用××主机监控与审计系统和××涉密计算机及移动存储介质保密管理系统进行用户操作行为审计，应用系统安全审计通过应用系统本身的审计功能实现。

（二）强化便携式计算机、涉密单机管理。便携式计算机、涉密单机根据所处理信息的最高密级进行标志，采取技术绑定措施，每台涉密便携式计算机绑定专用移动存储介质与涉密安全域进行信息交换。对部分无法安装××主机监控与审计系统和××涉密计算机保密管理系统的涉密单机，需要单独审批备案，并制定管理措施，同时对端口进行物理封闭。

（三）定期进行计算机补丁和病毒库升级。涉密内网终端统一由服务器升级策略定期进行补丁和病毒库升级，单机和便携式计算机由人工定期进行补丁和病毒库升级。

（四）涉密信息系统中部署光盘刻录和打印监控审计管理系统，实现用户从涉密信息系统输出信息的网上审批、刷卡输出，打印、刻录行为全过程审计。

（五）所有计算机未安装无线键盘、无线鼠标等装置，涉密计算机不得具有无线上网、红外、蓝牙等无线互联装置和摄像头等摄录部件。

（六）A 公司涉密信息设备建立台账，严禁与互联网等公共网络连接，严禁在非涉密信息系统中使用涉密信息设备，原则上涉密单机和涉密便携式计算机均安装保密技术防护专用系统、防病毒等安全密品，输入、输出严格受控

涉密存储设备建设、防护情况：

一、A 公司现有涉密存储介质见下表

密级	移动硬盘	U 盘	便携式计算机	汇总
机密				
秘密				
汇总				

二、涉密存储设备的最高密级

涉密存储设备的最高密级为机密级。

三、存储介质技术保护措施

×部门是存储设备集中管理部门，使用人经过审批后登记领用。存储介质采用××涉密计算机及移动存储介质保密管理系统对计算机端口进行控制，使用保密专用移动存储介质，对存储介质使用进行监控和审计。

四、信息交换

A 公司输入、输出实行集中管理，设置了集中输入、输出点，配置了×台涉密中间机、×台非涉密中间机、×台涉密输出机、×台非涉密输出机、×台输入机和×台刻录打印一体机。

表 3.1（续 16）

	信息输入方式： 　　电子文件的输入方式是用户在协同办公系统上提交《××转入申请》，审批通过后，中间机管理员将所需非涉密文件通过非涉密中间机杀毒后，一次性刻录至所内专用中转光盘上或拷贝至所内普通格式非涉密 U 盘上。中间机管理员分别通过输入计算机自带的光驱或者连接输入计算机的"三合一"多功能导入装置通用口，将中转光盘或非涉密 U 盘上的文件资料拷至输入计算机。最后在输入计算机将信息通过协同办公系统转入流程传给用户。 　　纸质文件输入方式是用户在协同办公系统上提交扫描申请，审批通过后，由管理员扫描进内网，挂在协同办公系统申请流程中，用户通过流程下载。 　　信息输出方式： 　　电子文件的输出方式是通过办公系统提交《××转出申请》，审批通过后由中间机管理员办理刻盘，或者通过××打印系统提交刻录申请，审批通过后刷卡刻盘。 　　纸质文件的输出方式是通过××打印系统提交打印申请，审批通过后刷卡输出
	涉密信息系统、涉密信息设备和涉密存储设备的管理情况： 　　一、信息化归口部门为×部门，负责信息化建设、信息安全和信息化应用等工作的归口管理，同时配置的安全审计员对系统管理员和安全保密管理员的行为进行审计。信息化运行维护部门为信息技术中心，信息技术中心挂靠在×部门，配置了系统管理员、安全保密管理员等信息安全保密管理人员，分别负责系统的运行、安全保密工作。运行维护共×人，其中系统管理员×人、安全保密管理员×人、安全审计员×人，满足正常维护需要。 　　二、A 公司制定了《A 公司计算机及涉密信息系统信息安全管理规定》《A 公司涉密信息系统应急管理办法》《A 公司涉密计算机和信息系统安全保密策略》《A 公司涉密计算机和信息系统安全保密策略》以及各类运行维护操作规程
	非涉密信息系统、非涉密信息设备和非涉密存储设备的管理情况： 　　A 公司未建设非涉密信息系统
	专用系统或者设备建设、防护和管理情况： 　　A 公司无专用系统或设备
新闻宣传管理	采取的保密管理措施： 　　一、新闻宣传保密管理工作，坚持"业务工作谁主管、保密工作谁负责"和"归口管理、统一发布、严格控制、内外有别"的原则，由×部门负责宣传报道和媒体采访工作，确保不涉及国家秘密和商业秘密、工作秘密等内部敏感信息。 　　二、新闻发布须事先明确发布要点和表态口径，制定预案，按程序审查报批。 　　三、发表论文、征文、推荐材料、评功评奖、编辑出版、影视广播、展览展示、互联网站等媒体发布、刊登、提供涉及军工业务的信息，实行业务管理部门、归口部门、保密工作机构"三审"制度，其中论文、科技类对外交流材料由科技委员会负责审核，报业务主管部门领导审批。 　　四、以下事项严禁公开宣传报道： 　　（一）涉及国家高新工程、重大专项任务和重大科技工程、军贸等科研生产试验信息、型号两总系统高知密专家信息原则上严禁公开宣传报道，特殊情况确需宣传报道的，须报集团公司审查、审批。

表3.1(续17)

	(二)军贸活动,通过其他渠道或特殊手段获得的产品、设备和技术资料及其引进渠道,不宜公开身份的从事尖端技术研究的专家及其工作活动。 (三)新闻宣传工作管理规定严禁公开宣传的内容。 (四)接待外宾或对外招收员工等,需要对单位内部情况进行宣传和介绍时,不得有涉密内容,对外新闻宣传做到口径一致
涉密会议管理	采取的保密管理措施: 一、举办涉密会议须在具备安全保密条件的内部场所(军方或军工集团内部)召开,禁止在涉外场所召开。会议主办部门要采取以下保密措施: (一)明确会议密级,确定参会人员范围,明确专人负责现场保密管理工作,对工作人员和服务人员进行保密教育和管理。 (二)对会场进行安全保密检查,确保会议使用的计算机、投影仪、话筒、录音等设备符合保密要求,并放置无线信号干扰设备,安排专人负责使用管理。未经审批,禁止带入具有拍摄、录音等功能的设备。 (三)对进入会场人员进行身份登记确认,组织确需参会且岗位密级低于会议密级的人员签订保密承诺书。 (四)会议涉密载体发放、清退和销毁做好登记,加强保密管理和提醒,与会人员要求留用的须履行审批手续,经机要渠道传递,不得签收后直接留存。 (五)会场入口或会议桌上显著位置摆放保密提醒标志,禁止带入具有无线联网功能的计算机和智能终端(含笔记本电脑、平板电脑、手机等)等设备,会议室外配备手机存放柜。 (六)加强会议期间会场外区域的安全保密管控,禁止无关人员进入。 二、会议内容或者发放的载体涉及机密级(含)以上国家秘密信息的,且参会人数达到50人以上或者参会人数达到100人以上的秘密级会议为重要涉密会议。 三、在工业区外召开的涉密会议和重要涉密会议,主办部门须提前办理审批手续,制定保密工作方案,指定专人落实保密措施。在外召开的涉密会议须与场所管理单位签订保密协议,根据实际情况明确保密责任。 四、主办部门按规定留存管理档案
外场试验管理	采取的保密管理措施: 一、试验队实行队长负责制,成立保密工作小组、明确保密工作负责人。参试人员须接受保密教育,签订专项保密协议或保密承诺书,按要求办理携带涉密设备和载体进场的手续。 二、采取以下保密管理措施: (一)试验进场前,牵头部门须制定试验保密工作方案,明确保密事项和管理要求,明确参试人员名单,组织进场前保密教育,严控知密范围。参加单位同步制定本单位保密工作方案。 (二)外场试验要接受试验场区所在单位保密管理,严格遵守试验场区所在单位的保密管理规定。参加军方或其他单位重大外场试验任务前,按要求由安全保卫部组织对参试人员进行政审。 (三)试验队须对涉密计算机、涉密载体、密品、办公设备、无线通信设备和具有摄录功能的设备等实行集中统一管理,建立健全保密管理台账,明确责任人,严格落实各项保密管理要求,做到"试验结束,载体闭环"。

表 3.1(续 18)

	(四)试验队收发文件、报送信息须统一审批和办理,严禁试验队员或其他个人擅自收发文件、对外提供试验数据;严禁擅自发布和传递与试验相关信息;试验(运输)过程中不得进行公开宣传报道。 (五)试验队须对个人的计算机、平板电脑、手机等统一备案登记;禁止携带个人电子设备进入涉密工作场所;严禁使用手机和公共信息网络谈论或传递试验涉密信息;必要时,实行"通信静默"、禁止使用手机等措施。 (六)严控参试人员数量和范围,对于保密意识淡薄、不能履行岗位保密职责的参试人员,试验队实行"退回机制"。 (七)加强对试验任务背景、×指标、试验计划及方案、×伪装技术方案、试验结果等信息的知悉范围控制。 (八)试验队须结合试验进展情况,对参试单位和参试人员进行保密教育培训,定期开展保密检查,发现隐患和问题及时解决,做好工作记录
协作配套管理	采取的保密管理措施: A 公司作为武器系统承包单位,在外协涉密任务时,严格遵守有关协作配套保密管理规定要求,在国家保密资格单位名录中选取具有相应等级的单位分包涉密任务。 一、××、××等部门涉及武器装备科研生产任务外协、外包,实施以下措施: (一)审验涉密项目的协作配套单位是否具有相应的保密资质。 (二)涉密项目的外协合同须在文本中明确保密条款,机密级涉密项目须与协作配套单位签订专项保密协议书。 (三)严格控制任务背景、用途、×指标等重点涉密内容,不向协作配套单位提供研制项目必需的技术要求以外的涉密内容。 (四)在涉密项目外协合同执行过程中,对协作配套单位履行合同保密条款和保密协议的情况进行监督、检查。 二、×处、×处等部门涉及的涉密设备维修、涉密载体制作等协作配套方均选择具有相应保密资质的单位,并落实以下措施: (一)组织部与之签订保密协议,明确保密责任,组织保密教育和现场保密提醒。 (二)提供安全可靠的工作环境、工作条件和安全保密防护设备。 (三)对外提供涉密信息或载体时,严格按相应保密规定办理保密审查手续。 (四)项目、合同执行过程中,采取全过程专人陪同监督
涉外管理	采取的保密管理措施: 归口部门负责组织协调涉外活动,对业务范围内组织的涉外活动负保密管理责任。严格执行以下保密管理要求: 一、重要涉外活动均制定安全保密工作方案,明确保密事项、保密措施、保密纪律、职责分工,统一对外口径;提前清理活动现场,不需外方知悉的产品,进行伪装和遮盖;指定活动路线,专人全程陪同。 二、执行保密提醒制度。业务归口部门事前对相关人员进行安全保密和外事纪律等方面的教育、提醒。 三、对外提供文件资料或物品履行保密审查、审批。对外提供文件资料或物品须严格履行审批手续后方可提供。 四、保密工作机构参与涉外活动的审查、监督工作

表 3.1(续 19)

保密检查	上年度至本年度开展保密检查工作情况： 一、例行检查 （一）保密委员会领导多次带队进行安全保密及综合安全检查；××××年以来，保密委员会主任×次带队进行安全保密检查，分管保密工作的领导×次带队进行安全保密检查，各主管所领导年度内不定期对主管业务进行保密检查。 （二）保密委员会主任每年度对其他所领导保密履职情况进行监督、考核。 （三）各部室领导坚持月度例行检查制度，涉密人员执行月度自查制度。 （四）保密工作机构坚持每季度对涉密部门负责人和涉密人员进行保密检查。 二、专项检查 （一）××××年××月，根据上级单位《××××年保密综合检查工作策划》的工作要求，组织针对涉密资质以及现场审查后整改完成情况的专项检查。 （二）××××年××月，组织开展单位涉密载体专项检查。 （三）××××年××月，根据上级单位《关于开展××××年保密交叉检查暨互联网门户网站专项检查的通知》的工作要求，组织开展了对互联网的专项检查。 三、自××××年以来共检查×次，下发整改通知单×份，并督促完成整改
考核与奖惩	上年度至本年度保密考核与奖惩情况： 一、对部门开展年度绩效考核 每年度依据《A 公司基层单位综合考核管理实施办法》（×号）以及《A 公司机关部门考核办法》（×号）中的"安全保密工作考核实施细则"对各部室保密工作管理目标、年度重点工作完成情况和综合管理情况进行考核，兑现奖惩，同时结合全年的安全保密检查情况，对各部门履行保密工作职责情况进行考核，保密考核成绩纳入经营业绩考核范畴，与部门绩效奖金挂钩。 二、对领导干部和涉密人员进行保密考核 （一）各级领导述职考核、涉密人员年度考核均要求填报个人保密工作开展情况，纳入年度干部考核和人员考核范畴。 （二）保密委员会成员每年提交《领导干部履行保密职责情况报告表》。 （三）各部门保密工作小组每年度对部门领导、涉密人员进行考核打分，保密工作机构对考核结果进行综合评定后报人力资源部，对考核不合格的人力资源部可以提出将其调离涉密岗位的建议。 （四）各部门每月对分管涉密人员进行保密工作考核，考核合格后发放保密补贴，发现违规行为的按相关要求核减保密补贴。 三、年度开展表彰奖励情况 （一）××××年××月，对×名××××—××××年度保密工作先进个人进行了表彰奖励（×号）。 （二）××××年××月，对×名××××年度保密工作先进个人进行了表彰奖励（×号）。 四、年度执行保密处罚情况 对在各类保密检查中发现的违反保密规定的当事人进行批评教育，责令其所在部门限期督促其完成整改，依据《A 公司涉密人员保密补贴管理办法》，对当事人及有关部门领导进行保密处罚，××××年××月—××××年××月共对全所×人次进行了保密补贴处罚

表 3.1（续 20）

工作档案管理	保密工作文字记载情况： 　　截至目前,A 公司所级保密工作档案共分 6 类,共 25 卷。所属×个部室均建立二级保密工作档案。 　　一、保密责任 　　1. 法定代表人责任卷 　　2. 分管保密工作负责人责任卷 　　3. 其他负责人责任卷 　　4. 涉密部门负责人责任卷 　　5. 涉密人员责任卷 　　二、归口管理 　　6. 归口管理情况 　　三、保密组织机构 　　7. 保密委员会卷 　　8. 保密工作机构卷 　　四、保密制度 　　9. 基本制度卷 　　10. 业务制度卷 　　五、保密管理 　　11. 定密管理 　　12. 涉密人员管理 　　13. 涉密载体管理 　　14. 密品管理 　　15. 保密要害部门、部位管理 　　16. 信息系统、信息设备和存储设备管理 　　17. 新闻宣传管理 　　18. 涉密会议管理 　　19. 外场试验管理 　　20. 协作配套管理 　　21. 涉外管理 　　六、监督与保障 　　22. 保密检查 　　23. 考核与奖惩 　　24. 保密工作经费 　　25. 工作档案管理
保密工作经费	上年度至本年度保密管理工作经费预算和支出情况： 　　××××年,保密管理经费预算为×万元,见《关于下发××××年度公用性费用预算的通知》(×号)。××××年,保密管理工作经费实际支出×万元,主要用于教育培训活动、咨询评审、保密宣传品、保密奖励等。

表3.1（续21）

××××年,保密管理经费预算为×万元,见《关于印发××××年公用性费用预算的通知》（×号）。截止到××××年××月,保密管理工作经费实际支出为×万元,主要用于保密教育培训活动、购置保密教育书籍、资料等
上年度至本年度保密专项经费支出情况: ××××年,保密专项经费实际支出×万元,××××年××月止,保密专项经费实际支出已发生×万元,主要用于技防设施改造、物防设施完善等

法定代表人或主要负责人承诺

    本人郑重承诺,本单位符合所申请保密资格等级应当具备的基本条件,所填报的《申请书》内容真实,并保证《标准》在本单位的执行,履行本人所应承担的责任。

法人代表或主要负责人签字:
年   月   日

第三节　部分实施方案样例

一、工作通知样例

关于做好保密资格认定准备工作的通知

各有关单位:

    根据《×××保密资格认定办法》（××发〔××××〕××号）相关规定和公司党委工作安排,我单位于××××年进行保密资格认定工作。为保证各项工作顺利开展,经研究,现对具体准备工作进行布置,请各有关单位及人员认真落实。

    一、组织机构

    单位成立保密资格认定工作领导小组,负责组织、领导、协调保密认定工作各项事宜,对准备工作进行检查。各部门成立部门保密认定工作领导小组,负责落实单位的工作部署,做好保密认定的准备工作。保密资格认定工作领导小组办公地点设在××,电话:×××××××。

    二、工作进度安排

    （一）动员准备期（××月××日—××月××日）:成立组织机构、培训、动员、布置;

    （二）自检自查期（××月××日—××月××日）:自查、整改;

    （三）迎接预审期（××月××日—××月××日）:预审、整改、查缺补漏;

    （四）正式审查期（××月××日—××月××日）:迎接国家审查。

    三、工作要求及说明

    各单位依照任务要求,将工作安排到具体的人,明确责任和任务,按照时间节点组织开展各项工作。

（一）重点工作

1.修订、完善各单位职责和岗位职责；

2.规范定密工作、加强知悉范围管控；

3.加强信息系统、信息设备和存储设备的保密管理；

4.加强保密要害部门、部位的管理；

5.组织涉密人员学习《标准》,参加考试；

6.确保各种工作记录完整、规范。

（二）每周例会

保密资格认定工作领导小组办公室管理组和技术组每周召开例会,会议时间及地点另行通知。

（三）即时通信

保密资格认定工作领导小组建立两个微信群,即认定工作管理群和认定工作技术群,各组联络员要保持通信畅通。

A公司

××××年××月××日

二、及时整改工作样例

单位保密资格认定工作领导小组办公室管理组和技术组应每天或每周召开例会,及时掌握各部门准备工作的进展情况、搜集整理总结问题、督促下一步工作、给出完善措施。做到问题随时发现随时整改,单位上下同一步调。

保密资格认定第×次例会问题与整改内容汇总

按照《标准》要求,结合《标准》和近期整理的重点事项,总结归纳出以下整改内容,请各有关部门认真梳理、深入整改、举一反三,并于××月××日前完成问题归零,公司将于××月××日开展验收。

一、保密责任

1.工作计划、总结、述职报告未结合实际业务或几年内容千篇一律；

【整改方法】修改年度的工作计划、总结、述职报告,结合单位年度保密工作要点和本部门开展的实际工作撰写。

2.保密责任书未结合本涉密岗位职责；

【整改方法】项目组负责人和组内涉密人员签订的保密责任书内容要结合自身实际编制。

3.部门领导、项目负责人不熟悉本部门保密工作职责、不掌握保密基础数据；

【整改方法】部门负责人和项目负责人书面列出本单位或项目的保密重点、保密基础数据、保密责任分工、保密难点问题、涉密人员基本情况,现场审查时随时携带。

4.涉密人员不熟悉本岗位保密职责或掌握保密基础知识不够；

127

【整改方法】

(1)涉密人员书面列出岗位业务中的保密事项、保密职责(参考申请入岗审批的岗位职责、涉密人员保密承诺书内容),现场审查时随时携带;

(2)掌握涉密岗位确定依据:特定岗位,专兼职保密员、计算机安全保密管理员、机要岗位、定密责任人、保密委员会委员、承担涉密科研项目研究或管理任务、从事国家秘密产品生产及相关管理、其他专门处理国家秘密的岗位;量化岗位,3、6、9。

5.部门、项目组组织自检、自查次数不够;

【整改方法】部门和项目组要每季度开展一次自检、自查。

二、归口管理

6.归口部门履职不够;

(1)信息化部:单位未明确信息化管理部门和运行维护机构、其设置及人员未结合单位实际工作需要进行配置;单位保密技术相关工作未进行归口管理;

(2)科学技术部:涉密科研项目保密管理未结合业务同步开展;未梳理合同、未制定关键节点把控,涉密会议、外场试验、密品无底数、未监管;

(3)人力资源部:因私护照未及时归还;

(4)安全保卫部:要害安防监控室值班人员培训与监督不到位;

(5)宣传部:未根据业务情况梳理新闻宣传管理制度。

【整改方法】

(1)属于组织机构问题的,上报单位分管领导;

(2)属于审批表格填写不规范的,要保证审批完整、全程闭环;

(3)属于管理措施不到位的,补充完善相关管理措施,明确责任,加强关键节点的审查、审批;

(4)属于过程记录不完整的,补充相关材料。

三、保密制度

7.未按照《标准》完成基本制度的修订工作;

【整改方法】机关职能单位修订相关管理制度,包括涉密人员(人力资源部),保密教育培训(人力资源部),保密要害部门、部位(保密工作机构、保卫部),信息系统、信息设备和存储设备(信息化部、保密工作机构),新闻宣传(宣传部),涉密会议(科学技术部),涉外活动(国际合作部),密品(保密工作机构),外场试验(科学技术部),保密监督检查(保密工作机构),考核与奖惩(人力资源部、保密工作机构),协作配套(包含军工涉密业务咨询单位)(科学技术部)。

四、保密管理

(一)定密管理(容易出现一票否决项)

8.《涉密事项一览表》未及时调整;

【整改方法】各单位按照涉密项目整理涉密事项范围,并于××月××日前报送至科学技术部。

9.合同明确定密的内容未纳入项目定密表,未按涉密事项进行管理;

【整改方法】重新梳理项目合同书,依据合同准确提炼保密要点,并注意以下三方面:

（1）若合同中确定的保密内容非常具体而项目负责人却没有按照合同定密的，及时上报保密工作机构；

（2）若合同中规定了装备、样机属于涉密事项，要将其按照密品管理，及时上报保密工作机构；

（3）若合同中对海试、湖试有要求，无论试验涉密与否，都要在相应的时间节点编制外场试验的预案，并补充落实记录。

（二）涉密人员管理

10.涉密人员离岗的交接手续不完善；

【整改方法】核查脱密交接单，补充交接信息；如无交接内容应写明，并由交接双方签字。

11.培训记录造假痕迹过于明显；

【整改方法】根据实际情况重新汇总学时，补充签到表，必须由本人签字。

12.因私证照不及时归还；

【整改方法】各单位组织涉密人员向人力资源部上交因私证照。××月××日前无故不归还的，将执行吊销手续。

（三）涉密载体管理

13.未汇总涉密载体台账、账物不符；

【整改方法】各级单位尽快组织整理、完善涉密载体台账，做到账物相符。

14.输出、复印登记审批记录不全；

【整改方法】由负责人亲笔签字逐项审批，输出和复印的载体去向要明确。

15.涉密电子文档保密标志不全；

【整改方法】核查计算机内存储文档，补充密级标志（对盘符、文件夹、文件名、文件首页进行标密）。

16.涉密载体销毁登记不完整；

【整改方法】完善登记审批手续。

（四）密品管理

17.甲方合同明确样机为密品，但未按照密品管理；

【整改方法】参照第9条。

（五）保密要害管理

18.外来人员登记审批记录不全；

【整改方法】完善审批登记手续。

19.安防监控室值班人员对跟踪处理结果未记录，进行闭环管理；

【整改方法】

（1）安全保卫部组织对报警中心工作人员和门卫进行培训，工作人员人手一份培训内容，现场审查时随身携带；

（2）完善报警应急处置流程，补充跟踪处理结果记录，并对报警监控中心人员履职情况进行监督检查，档案中记载详细的检查记录、维修记录和各类问题的处理记录；

（3）报警监控中心可以调取一个月内的录像，保密要害部位的手机存放是检查重点。

20. 对进入要害部门、部位的工勤物业人员、保安等人员采取的管理措施不够；

【整改方法】

（1）安全保卫部组织上述人员进行保密教育培训，并留存培训记录；

（2）要害部门、部位留存上述人员的审查、无犯罪证明、保密承诺等相关记录；

（3）要害部门、部位确定一名管理人员划分上述人员的工作区域并进行监管。

（六）新闻宣传管理

21. 举办展览未经保密审查；

【整改方法】涉密单位公开展出的科研展板要补充审查、审批手续。

（七）涉密会议管理

22. 涉密会议的会场检查、保密工作方案、资料发放与回收、参会人员身份核实等记录不完整；

【整改方法】补充完善相关手续。

（八）外场试验管理

23. 外场试验未根据合同要求进行管理；

【整改方法】参照第9条。

（九）协作配套管理（容易出现一票否决项）

24. 涉密项目未按照要求开展协作配套工作；

【整改方法】核查涉密项目的分包项目，分合同内容是否涉密。非涉密分包项目不能包含科研定密中保密密点内容；若分合同内容涉密应按照协作配套管理要求补充材料。

25. 军工涉密业务咨询服务未按照要求履行相关保密管理工作；

【整改方法】

（1）核查是否有涉及涉密信息系统集成，国家秘密载体印制，对军工涉密业务提供咨询、审计、法律、评估、评价、招标等服务；

（2）如涉及此项，则应有合作单位的涉密资质（例如，建设涉密信息系统的，要选取具有涉密信息系统集成资质的单位合作；涉及军工涉密业务咨询服务的，要从列入《军工涉密业务咨询服务单位备案名录》中选取）；签订保密协议；留存关键环节，业务工作与保密工作同步开展的相关支撑材料。

（十）涉外管理

26. 对外交流、合作和谈判等活动中未制定保密方案；

【整改方法】涉及此项的留存涉外活动保密工作方案。

五、监督与保障

27. 保密自查记录不完整，无整改要求，无整改措施；

【整改方法】补充缺失的保密检查记录。检查如果发现问题，要有整改要求、整改记录。

28. 保密工作档案未按《标准》和单位要求整理。

【整改方法】按照最新的档案整理要求进行整理。认真梳理档案内容：审批内容不全的（缺公章、缺签字、缺日期）要补充齐全（要注意逻辑性）；签字明显不一致的要重新签；档案内容缺失的，补充完整。

第四节　预审促进

申请保密资格的单位经过前期筹备阶段、实质准备阶段之后,便进入预审阶段、完善阶段环节。到这两个阶段一般来说已经完成了绝大部分工作,但可能仍然会存在一些细节问题,使准备工作不到位。申请单位的组织者限于自身的工作经验不足,个别细节问题可能会存在指导的偏差,需要请有经验的单位给予必要的帮助。另外,可能还有部分"硬骨头"需要借助外界的力量啃下来。目前社会上有很多具有资质的第三方机构可以承担审查咨询工作,单位可以酌情安排。申请单位应对预审工作予以重视,要当成正式审查来对待,可以当作正式审查的提前预演。各部门要周密组织,求真求细,保质保量地将本部门各项工作按照《标准》逐项落实。

一、预审专家反馈意见样例

反馈意见

受 A 公司委托,我们一行×人于××××年××月××日—××日对单位保密体系运行情况进行审核咨询,先后走访了科研管理部、党政部、人力资源部、信息化部、宣传部、安全保卫部、财务部、国际交流与合作部、档案馆、涉密部门等××个部门,专家组按照国家《武器装备科研生产单位一级保密资格标准》进行现场审核咨询,现将有关情况汇报如下。

一、保密责任

1. 建议加强对单位领导的保密教育培训,完善培训记录(党政部);

2. 个别部门领导对本部门保密工作职责不清晰,对部门保密管理工作底数不清,建议单位各级领导进一步认真落实中央关于党政领导干部保密责任制的要求,认真履职,增强做好保密工作的责任感、使命感、荣誉感,确保党和国家有关保密工作方针、政策、法律法规在单位的贯彻执行;

3. 建议单位各部门将保密管理要求融入各项业务工作制度和流程中;建议单位将保密责任书内容与本涉密岗位职责内容相融合;

4. 访谈中个别涉密人员对本岗位保密职责和保密工作应知应会不熟悉:认为外来人员来公司参观不需要审批;个别涉密人员对计算机使用的安全保密规定不熟悉;个别涉密人员对本人为什么定为涉密人员不清楚;

二、归口管理

5. 建议单位按照《标准》要求,根据业务工作实际明确定密、涉密人员、信息化、新闻宣传、外事等管理工作归口部门的职责,归口负责业务工作范围内的保密管理工作制度的制定;

三、保密组织结构

6. 建议保密委员会委员按照职责分工的要求进一步指导分管业务部门将保密管理要求融入业务工作中,特别是要强化单位信息化部安全保密管理,加强人员配备及岗位业务的培训,增强履行职责能力;

四、保密制度

7.建议单位按照《标准》尽快完成单位基本制度的修订工作,特别是体现业务归口部门管理及《标准》的要求,如密品管理、选择协作配套单位应当具备的保密资格(含军工涉密业务咨询单位);

8.进一步梳理各有关部门业务制度,识别保密风险,将保密管理要求融入业务工作实际中;

五、保密管理

(一)定密管理

9.建议单位进一步加强对定密责任人履职能力的培训,按照定密权限依法开展定密工作,完善《国家秘密事项范围细目》或者《涉密事项一览表》的确立、调整(科研管理部等);个别部门未汇总各项目组的涉密事项(×部门);

10.建议有关部门准确界定测试仿真数据结果的密级,按照相应密级进行输入输出管理;

(二)涉密人员管理

11.个别部门保密教育培训未覆盖全体涉密人员(×部门);

12.个别涉密人员××××年××月借出因私护照至今未归还(×部门);多次出境借出护照均未按时归还(×部门);未落实回访要求,缺少回访记录;

13.建议单位规范内部人员管理,如加强对离退休人员、外聘人员、工勤物业人员、保安等人员的政审、保密教育及检查;

(三)涉密载体管理

14.建议及时完善二级的涉密载体台账,做到账物相符;多人共用密码文件柜,未设定专人管理;

15.涉密载体登记时未写文件编号;未按单位规定对涉密载体加盖受控章;载体登记的页数和实际页数不符;复印涉密文件未编号;

16.个别部门打印输出和刻录输出的涉密载体没有交接记录;

17.个别过程文档未标密;

(四)密品管理

18.甲方合同明确样机为密品,但项目组未将样机确定为密品;

(五)保密要害管理

19.外来人员进入要害部位未履行审批、登记手续;

20.建议安防监控室值班人员对跟踪处理结果进行记录,进行闭环管理;

(六)信息系统、信息设备和存储设备管理

21.未明确信息化部和运行维护机构的相关职责和工作由保密工作机构承担,不符合要求;

22.信息化部和运行维护机构的设置及人员未结合单位实际工作需要进行配置;

23.信息安全保密管理体系文件不符合国家保密法规标准和单位业务工作实际;

24.信息安全策略未及时根据安全情况变化进行调整;

25.信息安全保密管理体系文件未按规定程序发布、宣贯、实施;

26."三员"未实现相互独立、相互制约;

27."三员"无运行维护记录；

28.单位总台账和部门的分台账不符；部分计算机、移动存储介质、安全产品未列入台账；部分设备台账要素填写不规范或要素缺失；

29.涉密信息设备和涉密存储设备未建立全生命周期管理档案；

30.部分安全产品（"三合一"、防火墙）未正确配置和使用；

31.涉密信息系统和涉密信息设备的身份鉴别措施不符合相关保密标准要求，部分部门计算机弱口令；部分部门保密员未经授权，知悉所有涉密计算机密码；存在同一项目组成员使用同一账号和密码登录使用涉密计算机；

32.未对导入信息内容、使用的移动存储设备进行记录；

33.未根据审计策略对信息系统、信息设备和存储设备进行审计；

34.未建立互联网接入终端审批和登记制度；

35.单位在一地的互联网接入口多于2个；

（七）新闻宣传管理

36.建议宣传部根据业务情况进一步梳理宣传媒介、国防专利、论文、科技成果等方面的管理制度，明确责任，加强审查，确保涉密信息受控；

（八）涉密会议管理

37.个别部门缺乏涉密会议记录，涉密载体发放、回收不受控，缺乏参会人员的身份确认；

（九）外场试验管理

38.外场试验保密方案未明确负责人，数据交换未采取保密措施，涉密载体和密品管理不符合要求，未明确运输方案；

（十）协作配套管理

39.个别涉密协作配套单位资质过期；

（十一）涉外管理

40.外来专家来单位技术交流的保密工作方案未落实时间、地点、保密工作责任人；

六、监督与保障

41.建议单位加强单位、部门、项目组的保密检查的力度，落实整改；完善保密检查内容，及时记录检查的对象及问题处理过程；

42.建议单位和各部门、项目组，完善保密工作档案。

预审检查组

××××年××月××日

二、预审后整改通知样例

按照存在问题风险大小、整改措施的难易程度，制定整改措施和整改期限。能够立即整改的，制定整改措施，明确责任部门；有些涉及经费、资金等一时难以整改的问题，要有管理措施保障安全。

以 A 公司为例,其保密整改通知单见表3.2。

表3.2　A公司保密整改通知单

通知单位(部门):	各涉密部门

检查情况综述:

军工保密资格认定预审专家组一行×人,于××××年××月××日—××日对 A 公司保密体系运行情况进行审核咨询。现将有关情况总结如下。

一、保密责任

1.建议加强对单位领导的保密教育培训,完善培训记录(党政部);

【整改建议】组织单位领导保密教育培训,补充教育培训记录。

2.个别部门领导对本部门保密工作职责不清晰,对部门保密管理工作底数不清,建议单位各级领导进一步认真落实中央关于党政领导干部保密责任制的要求,认真履职,增强做好保密工作的责任感、使命感、荣誉感,确保党和国家有关保密工作方针、政策、法律法规在公司的贯彻执行;

【整改建议】部门负责人和项目负责人要熟悉本单位或项目的保密重点,了解本单位或项目组的保密基础数据(如涉密事项数量、涉密项目数量、涉密计算机数量、涉密设备和存储介质数量等)、保密难点问题;掌握涉密人员基本情况(包括涉密人员数量、涉密等级、涉密岗位确定依据、涉密人员审查情况、出国(境)情况等)。

3.建议各部门将保密管理要求融入各项业务工作制度和流程中;建议单位将保密责任书内容与本涉密岗位职责内容相融合;

【整改建议】整理修订部门业务工作制度、流程、岗位职责,修订、完善《单位内部机构工作职责情况表》《单位岗位职责情况表》,能够体现将保密管理要求融入各项业务工作中。

4.访谈中个别涉密人员对本岗位保密职责和保密工作应知应会不熟悉:认为外来人员来公司参观不需要审批;个别涉密人员对计算机使用的安全保密规定不熟悉;个别涉密人员对本人为什么定为涉密人员不清楚;

【整改建议】涉密人员要熟悉岗位业务中的保密事项,掌握本职岗位的保密职责(参考涉密岗位确定审批的岗位职责,机关职能单位参考《单位内部机构工作职责情况表》《单位岗位职责情况表》、保密职责、《涉密人员保密承诺书》内容),学习保密知识和技能(学习资料包括《中华人民共和国保守国家秘密法》及其实施条例、《武器装备科研生产单位一级保密资格标准》《保密知识简明读本》《党政干部和涉密人员保密常识必知必读》《涉密人员考试试题库》等)。

二、归口管理

5.建议按照《标准》要求,根据业务工作实际明确定密、涉密人员、信息化、宣传、外事等管理工作归口部门的职责,归口负责业务工作范围内的保密管理工作制度的制定;

【整改建议】各机关职能单位明确业务工作范围内的保密管理要求,修订相关管理制度。

三、保密组织机构

6.建议保密委员会委员按照职责分工的要求进一步指导分管业务部门将保密管理要求融入业务工作中,特别是要强化信息化部安全保密管理,加强人员配备及岗位业务的培训,增强履行职责能力;

【整改建议】搭建信息化部、运行维护机构的管理框架,配备相关工作人员。

四、保密制度

7.建议单位按照《标准》尽快完成单位基本制度的修订工作,特别是体现业务归口管理及《标准》的要求,如密品管理、选择协作配套单位应当具备的保密资格(含军工涉密业务咨询单位);

【整改建议】机关职能单位修订相关管理制度;科学技术部修订密品管理办法、协作配套管理办法,其中包含对军工涉密业务咨询单位的保密管理。

表3.2(续1)

8. 进一步梳理各有关部门业务制度,识别保密风险,将保密管理要求融入业务工作实际中;

【整改建议】机关职能部门修订业务工作制度或流程,梳理保密风险点。

五、保密管理

(一)定密管理

9. 建议单位进一步加强对定密责任人履职能力的培训,按照定密权限依法开展定密工作,完善《国家秘密事项范围细目》或者《涉密事项一览表》的确立、调整;个别部门未汇总各项目组的涉密事项;

【整改建议】各单位尽快汇总《涉密事项一览表》上交科研管理部。

10. 建议有关部门准确界定测试仿真数据结果的密级,按照相应密级进行输入、输出管理;

【整改建议】有关部门按照甲方合同和《涉密科研项目定密表》的保密要点确定测试仿真数据结果是否涉密,并按照相应密级进行输入、输出管理。

(二)涉密人员管理

11. 个别部门保密教育培训未覆盖全体涉密人员;

【整改建议】对未受训的涉密人员进行保密教育培训,留存保密教育培训记录,并统计、汇总学时。

12. 个别涉密人员借出因私护照至今未归还;多次出境借出护照均未按时归还;未落实回访要求,缺少回访记录;

【整改建议】各部门整理、完善涉密人员因私出国(境)的承诺、提醒和审批手续;人力资源部整理、完善回访记录;涉密人员要及时向人力资源部上交因私证照。

13. 建议规范内部人员管理,如加强对离退休人员、外聘人员、工勤物业人员、保安等人员的政审、保密教育及检查;

【整改建议】人力资源部修订涉密人员管理办法,加强对七类人员的管理。七类人员所在的涉密单位要加强保密教育和检查,留存相关记录。

(三)涉密载体

14. 建议及时完善二级的涉密载体台账,做到账物相符;多人共用密码文件柜,未设定专人管理;

【整改建议】各级单位尽快整理完善涉密载体台账,做到账物相符。

15. 涉密载体登记时未写文件编号;个别部门未按单位规定对涉密载体加盖受控章;载体登记的页数和实际页数不符;复印涉密文件未编号;

【整改建议】

(1)所有留存的涉密载体要逐个编号;

(2)核对涉密载体台账信息,做到账物相符;

(3)复印涉密载体时加盖复印戳记并编号。

16. 个别部门打印输出和刻录输出的涉密载体没有交接记录;

【整改建议】整理、完善输出交接记录,保证涉密载体闭环管理。

17. 个别过程文档未标密;

【整改建议】要将涉密过程文档按照涉密文档同样管理,完善各环节的登记审批手续:制作要使用涉密设备编辑、对电子文档进行密级标志,输出时要登记审批并编号入账、加盖密级标志栏或加辅要页;收发、使用、传递均要有记录;保存要存放于密码文件柜中;销毁要按照涉密载体审批送至中转库房,禁止私自销毁。

(四)密品管理

18. 甲方合同明确样机为密品,但项目组未将样机确定为密品;

表 3.2（续 2）

【整改建议】相关项目组要将样机确定为密品,按照密品的管理要求建账,从生产、保管、运输、维修和销毁各环节都要有相关措施和审批手续。

（五）保密要害管理

19. 外来人员进入要害部位未履行审批、登记手续;

【整改建议】完善要害部位的审批登记手续。

20. 建议安防监控室值班人员对跟踪处理结果进行记录,进行闭环管理;

【整改建议】安全保卫部要对报警中心工作人员和门卫进行培训,完善报警应急处置流程,补充跟踪处理结果记录,并对报警中心人员履职情况进行监督检查。

（六）新闻宣传管理

21. 建议宣传部根据业务情况进一步梳理媒体平台、国防专利、论文、科技成果等方面的管理制度,明确责任,加强审查,确保涉密信息受控;

【整改建议】宣传部修订相关管理制度。

（七）涉密会议管理

22. 个别部门缺乏涉密会议记录,涉密载体发放、回收不受控,缺乏参会人员的身份确认;

【整改建议】整理、完善涉密会议相关手续。

（八）外场试验管理

23. 外场试验保密方案未明确负责人,数据交换未采取保密措施,涉密载体和密品管理不符合要求,未明确运输方案;

【整改建议】整理、完善外场试验保密方案、密品运输方案,明确责任人和相关管理人员责任;数据交换要进行输出管理和文件管理;携带涉密载体要有登记,返回要清点。

（九）协作配套管理

24. 个别涉密协作配套单位资质过期;

【整改建议】要核查项目的研制时间和协作配套单位的资质有效期,补充完善资质证明等相关手续。

（十）涉外管理

25. 外来专家来单位技术交流的保密工作方案未落实时间、地点、保密工作责任人;

【整改建议】完善涉外活动的保密工作方案内容。

六、监督与保障

26. 建议单位加强单位、部门、项目组的保密检查的力度,落实整改;完善保密检查内容,及时记录检查的对象及问题处理过程;

【整改建议】部门、项目组要加强自检、自查的深度,完善保密检查记录,要有检查发现的问题和对问题提出的整改要求、有问题的整改记录。

27. 建议单位和各部门、项目组,完善保密工作档案。

【整改建议】按《标准》和单位要求整理保密工作档案。

整改要求:

请各有关单位对照审查组反馈内容和公司的整改建议深入整改、举一反三,并于×××× 年××月××日前将整改情况报至保密工作机构。

保密工作机构

×××× 年××月××日

第五节　现场审查

申请单位经过前期筹备阶段、实质准备阶段、预审阶段、完善阶段之后,进入现场审查阶段,这个阶段是检验单位认定全程的最重要阶段,审查组的现场审查将对申请认定单位的保密工作情况给予现场审查打分。

一、材料准备

(一)《申请书》

此前申报的《申请书》应根据实际情况进行修订,按照审查组的要求准备出若干份。在《申请书》的填写中,单位名称应该填写签订武器装备科研生产合同时使用的名称;对单位基本情况如单位成立时间、变迁情况、资产、人员、科研生产方向和能力的描述时,注意陈述单位承担武器装备科研生产任务的概要情况;在申请保密资格等级及理由时要按照《办法》的规定填写已承担或拟承担何种密级的武器装备科研生产或协作配套任务,是否具备申请基本条件;按照落实保密责任、归口管理、组织机构、保密制度、保密管理、监督与保障六大项工作,尽量以具体工作内容、数据来组织材料,把握实事求是、具体化、准确齐全、完整规范的原则。

(二)整理汇报材料

汇报材料是对《申请书》的说明,由单位主要领导对单位按照《标准》如何进行保密管理的陈述,通常配PPT来说明,图文并茂地反映单位保密管理的全貌。汇报材料的篇幅根据各单位的情况自定,通常3 000字左右;汇报的内容围绕《标准》的要求,在领导责任,归口管理,组织机构,经费保障,制度完善,信息系统、信息设备和存储设备,涉密载体,要害部门、部位管理,以人为本的各项涉密活动的逐项保密管理活动开展情况进行叙述;要多以数据为依据,使汇报的章节能够反映出单位实施保密管理工作的实际做法、有效措施、管理效果等。在PPT的制作过程中,收集单位围绕《标准》进行管理的基本情况的文字、图片、视频等,增加现场审查时的视觉效果,简明扼要地把本单位的保密工作整体情况多维立体地展示出来。汇报材料现场审查时评委人手一份。

(三)欢迎辞、宣传短片和小册子

可以准备现场审查汇报首次会的欢迎辞,篇幅不必长,只作为被认定单位党政主要领导的礼节性发言;还可以在首次会上播放反映本单位基本情况的短片,给评委一个单位整体的大概印象;还可以给评委一本反映单位保密工作概况的宣传小册子。

(四)各类台账

准备好单位行政组织机构清单(2份),保密要害部门、部位清单(2份),国家秘密事项范围细目(2份),涉密人员名单(2份),信息系统、信息设备和存储设备管理总台账,台账与实物相符,责任人与编号、密级等内容要与现场实际相符,现场审查、评审时需要。

其中涉密信息系统、涉密信息设备和涉密存储设备的台账包括涉密计算机、涉密服务器、涉密应用系统、涉密中间机、涉密网络设备、涉密外部设施设备、涉密存储介质、涉密办公自动化设备、涉密声像设备、涉密安全密品;非涉密信息系统、非涉密信息设备和非涉密存储设备的台账包括非涉密计算机、非涉密服务器、非涉密应用系统、非涉密中间机、非涉密网络设备、非涉密外部设施设备、非涉密存储介质、非涉密办公自动化设备、非涉密声像设备。

二、环境设施准备

迎审期间,单位主要领导带队组织人员分组检查本单位保密要害部门、部位和涉密场所,注重保密要害部门、部位和涉密场所安全保密环境的达标;检查安防设施运行是否正常,电磁泄漏现象是否存在,日常维护是否记录;检查值班人员岗位履行职责如何;检查出入登记审批和登记情况、监控和红外报警及门禁系统使用情况是否正常等。

检查涉密计算机(台式、便携式)、非涉密计算机(台式、便携式)、国际互联网机、办公自动化设备、涉密载体等是否账物相符,其使用管理情况是否符合《标准》。例如,涉密复印机复印是否履行审查登记,涉密文档特别是中间过程文档是否受控,便携式计算机外出携带是否履行审查、审批手续,带回来后是否进行检查及有记录,登录互联网机器是否有记录,发布信息是否履行审查、审批手续,各类介质使用是否规范等。

检查各部门的日常保密管理各项制度的落实情况;检查业务工作与保密工作是否做到"五同时";检查各单位履行保密职责情况等。

三、人员准备

人员准备分领导层面、涉密人员层面、保密机构层面。

领导层面,单位主要领导、分管领导、部门领导应该对本单位的涉密事项、涉密人员、涉密计算机及通信办公自动化设备、涉密载体的底数心中有数,并对涉密事项及其各项保密管理活动说得清楚,熟悉《中华人民共和国保守国家秘密法》和相关的法律法规,熟悉上级关于保密工作的有关要求,熟悉《保密资格认定标准》,熟悉本单位的保密管理制度和大体的流程,熟悉业务工作与保密工作的"五同时"的具体做法,能够与现场审查领导和专家如实交流,较好地叙述领导层面在履行保密责任方面的具体做法。

涉密人员层面,在迎审期间,单位组织召开全体涉密人员大会,动员大家在迎审阶段积极行动起来,清理个人的机器、文档和工作环境。个人文档纸质的要存放在保密柜中,保密柜的文件盒要标明文件资料清单(包括序号、文件名称、文件号、密级、份数、页数等);电子文档要在文件资料首页标明密级(如果电子数据、图表、图形、图像等涉密信息在首页无法直接标注密级标志的,可以将密级标志作为文件名称的一部分进行标注);保密手册和涉密存储介质及 USB KEY 工作后应存放在保密柜中,个人的存储介质不允许出现在工作区域;还要教育涉密人员熟知国家保密法律法规,熟知本单位的规章制度,熟知个人的应知应会,熟知保密责任书的个人权利和义务;当现场审查时能够准确回答审查认定专家的提问和审查。

还可以在迎审期间做一次涉密人员的闭卷考试,一方面,测试涉密人员的保密知识和对单位保密管理制度的掌握情况;另一方面,现场审查时有抽取一定比例涉密人员闭卷考试的环节,此举亦可作为演练。单位组织人员对涉密人员先期进行抽查,既是复习,也可作为发现问题及时整改的措施。

保密机构层面,要组织好力量,集中保密办公室、认定办人员,按《标准》认真梳理本单位保密认定的准备情况,再次检查本部门和各部门的现场管理情况,注意点与面的衔接问题。同时注意分配人员做好保密工作机构本身的管理工作及迎审的各项准备工作。

四、现场准备

单位保密工作机构和认定办,认真梳理预审过程中出现的缺陷,并对预审提出的问题积极整改,继续对本单位的现场环境进行清理,对要害部门、部位的安全技术防范落实情况进行检查,对通信及办公自动化设备、计算机和信息系统进行重点抽查与地毯式检查,加速运行各项保密管理活动。保密机构本身还要准备好保密工作的汇报材料和保密工作档案。

五、会序会务

申请认定单位通常在现场审查5日之前接到受理机构的通知,审查组会在通知书上告知被审查单位审查组的组长、组员构成情况,审查的主要内容,程序和时间及要求等。申请认定单位在接到审查组通知后,单位保密工作机构和认定办应该向单位主管领导报告,单位领导组织做好迎审前的一系列准备工作,包括保证涉密人员90%以上的出勤率,各项材料的准备(《申请书》、汇报材料、PPT、各类台账、会议日程、首次会与末次会到会人员、现场审查时的联络人员等)、会序会务的具体准备(会场、会标、会序安排等)等。

对现场审查,保密工作机构可以制作一个《工作指南》,就现场审查的日程安排、现场审查组领导专家名单、接待人联系方式、汇报会(首次会)和意见反馈会(末次会)被审查单位参会人员名单、汇报会(首次会)会议议程、现场审查内容及实地审查路线、意见反馈会(末次会)会议议程等逐项做好流程,方便现场审查工作的进行。以下为日程安排手册样例。

×××保密资格
现场审查

会
务
手
册

A 公司
××××年××月

日程安排

时间		内容	地点	负责人 （主持人）	参加人员
× × 月 × × 日	××:00 — ××:00	首次会议		审查组组长	审查组成员 单位保密委员会全体成员
	××:00 — ××:00	现场检查	各相关单位	审查组成员	相关部门人员
	××:00 — ××:00	现场检查	各相关单位	审查组成员	相关部门人员
	××:00 — ××:00	保密知识 测试		审查组成员	人力资源部组织人员 ××名涉密人员
× × 月 × × 日	××:00 — ××:00	汇总意见		审查组组长	审查组成员
	××:00 — ××:00	末次会议		审查组组长	审查组成员 单位保密委员会全体成员

现场审查组成员名单

组长：×××　职务：××××

成员：×××　职务：××××

　　　×××　职务：××××

　　　×××　职务：××××

　　　×××　职务：××××

　　　×××　职务：××××

　　　×××　职务：××××

　　　×××　职务：××××

单位参会人员名单

单位名称	姓名	职务

首次会议会序

时间：××××年××月××日××:00—××:00
地点：
主持人：审查组组长

- -

第一项：审查组组长介绍审查组成员；
第二项：单位负责人介绍单位主要参会人员并致欢迎辞；
第三项：单位负责人汇报单位保密工作情况；
第四项：审查组组长介绍日程安排并做管理组和技术组审查分工，提出具体要求；
第五项：上级主管部门领导讲话。
会议结束。

末次会议会序

时间：××××年××月××日××:00—××:00
地点：
主持人：审查组组长

- -

第一项：审查组组长进行审查讲评，宣布审查结论；
第二项：单位负责人对审查意见和结论发表意见并致感谢辞；
第三项：双方在《×××保密资格现场审查意见书》上签署意见；
第四项：单位负责人讲话；
第五项：审查组组长宣布现场审查结束。
会议结束。

审查组成员及联络员安排

姓名	联络员	工作人员手机

现场陪同人员注意事项：

(1)陪同人员的主要工作：负责审查期间的联络工作,为审查组专家做向导、联系被检单位、做好工作记录、保障审查组专家的车辆交通等；

(2)按照审查组专家检查工作安排,提前通知被检单位；

(3)做好工作记录,记录问题发生的部门、项目组、责任人、计算机编号、问题内容；

(4)备份好被检单位的联系人及电话；

(5)遇到问题时,不与专家争辩,做好专家与出现问题的被检人员相关协调工作；

(6)如遇重大问题,及时反馈；

(7)检查结束前提前通知司机楼下等候。

专家服务指南

一、打字、复印
如您有打字或复印等需求,可直接联系联络员或到会务组房间联系驻会工作人员。
二、医疗服务
如您感觉身体不适,需要医疗服务、药品等,请及时联系联络员。
三、交通服务
为专家组配备了专用车辆,如您需用车可直接联系联络员。
四、用餐及发车时间
早餐：××:××——××:××,用餐地点：××××
上午集合时间：××:××
午餐：××:××——××:××,用餐地点：××××
下午集合时间：××:××
晚餐：××:××——××:××,用餐地点：××××
五、其他服务
如您在饮食、生活习惯和身体状况等方面有什么特殊要求,请及时与会务组联系。
单位内设有邮局、银行,如您有需要可直接联系联络员。
会务组成员：
姓名：××,联系方式：××××。
会议保障车辆：
车牌号：××××××,司机：××,联系方式：××××××。

第四章 整改、巩固阶段

第一节 认定后应开展的工作

现场审查之后，单位应该立即组织归口部门对现场审查的情况进行认真地回顾，对审查组结论和评价意见进行总结和分析，形成明确的整改意见，整改意见按照时间节点、责任人、整改内容、完成目标等制定细目，并将文字材料在单位内部通报，有上级主管单位的还应报送上级主管单位。保密工作机构认真履行监督检查职能，确保现场审查意见的整改措施到位。

一、总结会领导讲话提纲样例

落实责任 完善体系
不断提升保密工作管理水平

同志们：

今天，我们在这里隆重召开保密认定总结奖励大会，表彰了一批保密工作先进集体和个人。我代表单位对获得表彰的先进集体和个人表示热烈的祝贺！对为保密工作付出巨大努力、做出突出贡献的员工表示衷心的感谢和崇高的敬意！

多年来，单位保密工作在党委的正确领导下，在保密委员会以及全体员工的共同努力下，本着"积极防范、突出重点、严格标准、严格管理"的原则，取得了卓有成效的进步。××××年××月，单位保密资格认定工作顺利通过现场审查。单位在保密意识、保密管理水平、安全防护能力、保密行为规范等方面取得了明显成效，为今后更好地开展保密工作打下了坚实的基础。我们要通过此次会议，深入总结保密认定工作中的经验和不足，巩固认定成果，切实深化整改，完善保密工作的长效机制。

一、保密资质认定工作的简要回顾与总结

党委高度重视保密工作，主要领导亲自坐镇指挥，为保密工作顺利开展提供了有力保障。在保密委员会的直接领导下，全体员工按照《×××一级保密资格标准》要求，开展了保密体系化建设。回顾整个保密认定工作，几项措施起到了关键作用，并需要在今后进一步坚持和发扬。

一是全员学习《标准》，统一思想认识。通过集中培训、认真学习、研读《标准》，各级领导对保密工作有了更深层次的认识，进一步统一了工作思想，以学促用，全员保密观念发生了重大变化，单位的保密工作更加科学化、规范化、制度化。

二是合理调整机构，理顺责任分工。根据"业务工作谁主管，保密工作谁负责"的原则，调整了职能分工,形成各司其职、各负其责、齐抓共管的保密工作局面,促进了保密工作与业务工作的深度融合。

三是全面梳理制度,细化工作流程。通过保密资格认定,单位全面梳理了各项保密规章制度,各部门结合业务流程制定二级制度,研究所(项目组)负责制定具体保密措施,逐级落实了保密工作责任,巩固了三级保密管理体系。通过广泛的培训教育,广大涉密人员的保密意识明显增强,保密文化已经作为业务工作的一部分,深入人心,形成氛围。

四是强化锻炼队伍,提升技管能力。经过专业培训、召开每周例会、集中解决问题,单位打造了一支业务素质高的保密专、兼职队伍。同时,保密认定工作强度高、任务重,公司各级单位上下齐力,形成了一种凝心聚力、团队作战的局面,打造一支吃苦耐劳、肯打硬仗、能打赢仗的工作队伍。

经过保密认定工作的标准化、规范化建设,我们深切感受到保密工作是有章可循的,是有经验可借鉴的,是有规律可把握的。今后保密工作的开展,在加强日常性工作的同时,要进一步完善保密工作体系,注重经验的总结与提炼,不断提高保密工作水平。

经过整改落实与实践,各单位基本能够保持认定成果,坚持日常工作中落实各项保密要求,各项保密工作基本保持常态化。一些细节工作仍有待进一步加强,主要表现在工作流程需进一步完善、工作机构需进一步磨合、保密责任制需进一步落实。

二、下一步主要工作

保密认定是暂时的,但保密工作是长期的,从事涉密工作的员工要形成良好的保密意识和保密习惯。在今后相当长的一段时间内,我们仍然要致力于保密工作的体系和建设,全面巩固保密认定成果,推进保密工作常态化管理,使保密工作进一步融入单位各项中心工作之中,使保密意识融入各类工作人员的血液之中,切实保障国家秘密安全。

一是要进一步理顺工作,将管理规程细致化、简便化、实用化。

二是要深入做好各类人员的教育培训工作,加强分类指导,打造一支专业化的工作队伍。

三是要继续抓好技防体系建设,全面提高保密防护水平与能力。

同志们,国家利益高于一切,保密责任重于泰山。我们仍然面临着许多有待破解的难题。责任重大,使命光荣。我坚信,在党委的坚强领导下,在全体员工的共同努力下,我们的保密管理工作水平一定会不断提升,保密工作一定会开展得更加深入、扎实。

谢谢!

二、表彰决定样例

A公司关于表彰保密资格认定工作先进集体和个人的决定

各有关单位:

在公司党委的正确领导下,各级保密组织和广大员工认真执行国家和单位的保密规定,扎实工作,无私奉献,保障了国家秘密的安全,维护了公司的和谐稳定,并顺利通过了国家一级保密资格认定现场审查。为促进保密工作的深入开展,公司决定对为保密工作做出突出贡献的集体和个人予以表彰。经保密委员会评选,决定授予××部门等×个单位保密资格认定工作先进集体一等奖,各奖励奖金 20 000 元;授予××部门等×个单位保密资格认定工作先进集体二等奖,各奖励奖金 10 000 元;授予××等×名同志保密资格认定工作先进个人称号,各奖励奖金 5 000 元。名单如下:

一、保密工作先进集体一等奖

××

二、保密工作先进集体二等奖

××

三、保密工作先进个人

××

希望受表彰的单位和个人继续保持严谨的工作作风,再接再厉,为确保国家秘密安全做出更大的贡献。各基层保密组织和全体员工要向受表彰的先进集体和先进个人学习,不断增强保密意识,提高保密工作整体水平。

A 公司

××××年××月××日

三、保密资格复查部分工作样例

按照国家要求,取得保密资格后 2～3 年应进行复查,每 5 年进行重审。在单位的保密工作进入常态化管理之后,每次复查或重审应当都是单位修订体系、完善制度、健全机制的一次契机,单位应当协调、指导归口部门与涉密部门共同做好相关工作。因主要工作内容与认定并无不同,在此仅列出复查现场的单位领导陈述报告样例,从中也可看出单位保密工作的主要思路。

对照整改任务　加强体系建设　坚持常态管理

不断提升保密工作管理水平

——军工保密资格认定复查陈述报告

(××××年××月××日)

尊敬的各位领导、各位专家、同志们:

现在,我代表 A 公司,汇报我单位保密工作。

一、单位保密工作基本情况

作为承担国防武器装备科研生产任务的重要单位之一,单位参与了以×为代表的国家战略武器装备的研制工作,掌握了诸多方面的关键技术,科研工作具有鲜明的国防特色。

单位现有涉密人员×人、涉密科研项目×项、涉密计算机×台、涉密办公设备×台、涉密移动介质×个、保密要害部门×个、保密要害部位×个、非涉密计算机×台、非涉密办公设备×台、非涉密存储介质×个。

××××年××月,单位通过了保密资格认定现场审查。单位结合《中华人民共和国保守国家秘密法实施条例》和《国家秘密定密管理暂行规定》,修订了载体、定密、计算机、要害部门和部位、项目、涉外、新闻宣传、涉密论文等多项制度,梳理了×个保密管理流程,结合实际需求,对×个业务管理工作的制度和流程进行了融入保密管理要求的修订。组织定密责任人、计算机管理员、专兼职保密员、涉外活动保密管理等×次保密教育培训;组织×次公司级保密检查,覆盖单位内全部涉密单位、保密要害部门和部位,检查涉密计算机×台次、非涉密计算机×余台次。依据检查结果奖励了×个单位、×人次,奖励金额超过×万元;因保密违规,共有×人受到通报批评,×人调离涉密岗位,×个项目组被暂停整顿,经济处罚总额×元。奖惩措施强化了涉密人员保密意识及规章制度执行的严肃性。经过上级部门检查×次,×年来未发生失泄密事件。

二、保密资格审查认定发现的问题及整改情况

单位在××××年现场审查中共出现扣分项×项,专家组还提出了×项整改建议。其中保密制度及人员管理×项,涉密载体管理×项,保密要害部门、部位管理×项,信息系统、信息设备和存储设备×项。对检查中提出的问题,××××年厉行整改。

(一)保密制度及人员管理方面的问题及整改

主要内容:建议完善计算机管理、定密工作、新闻宣传等管理制度;建议加强涉密人员保密教育和培训。

主要原因:对《标准》要求理解不到位。管理人员对《标准》理解不透彻,对《标准》要求的贯彻和工作布置不细致。

整改措施:

一是加强对《标准》的学习和研讨,在各单位组织分级研讨的基础上,保密管理工作对标《标准》;

二是调整定密工作组,加入一线科研人员;

三是将原有×个计算机操作审批流程优化整合为×个,提高了管理的可操作性和规范程度;

四是对优化后的流程进行专题培训。

(二)涉密载体管理方面的问题及整改

主要内容:部分涉密载体未标明密级,未按规定收发、借阅的问题;建立涉密载体销毁中转库房的建议。

主要原因:工作人员执行规定不严格。涉密载体使用过程中登记记录不完整、管理不规范。

整改措施:

一是对专、兼职保密员进行专项培训,强化涉密载体流转关键环节的管理;

二是建立涉密载体销毁中转库房,限制涉密载体底数不清、随意处置的情况,规范涉密载体全生命周期的闭环管理。

(三)保密要害部门、部位管理方面的问题及整改

主要内容:对进入要害部位的外来人员加强登记审查;对要害部位工勤人员进一步加强审查。

主要原因:对要害部门、部位防护标准理解不到位,对要害部门、部位人员管理规定执行不规范。

整改措施：

一是严格按照审批要求，加强对进入要害部门、部位的外来人员的登记管理；

二是对要害部门、部位工勤人员加强政审，由公安部门出具无犯罪记录证明。

三、保密体系运行情况

单位确定了"整改、巩固、提高"的工作思路，在完成各项整改任务后，保密体系进入巩固、提高阶段。将保密工作与业务工作深度融合，在常态化开展工作过程中，不断发现问题、解决问题，持续完善保密体系。

（一）责任分工明确、领导高度重视

明确党委书记是保密工作第一责任人，分管保密工作负责人对单位保密工作负直接领导责任，领导班子成员在分管工作中结合保密工作要求，促进保密工作融入业务工作之中。各级领导干部和一线涉密项目负责人明确保密工作责任，形成了权责明晰、逐级负责、层层落实的保密工作责任制体系。

（二）保密管理常态化运行

为进一步加强保密日常管理，探索适合科研工作的定密管理制度，构建了全方位保密培训制度、全面保密监管检查制度和保密工作问题"归零"制度，切实做到了保密管理常态化运行。

1.探索科研工作的定密管理制度；

2.构建全方位保密培训制度；

3.构建全面保密监管检查制度；

4.探索保密工作问题"归零"制度。

（三）尝试建立信用等级，分级分类管理

1.尝试建立保密信用制度；

2.抓重点、固边缘、攻难点。

四、成效及改进方向

（一）取得成效

1.不断加强保密体系建设，工作机制进一步理顺，并在体系运行中不断发现问题、解决问题，不断改进和完善保密工作风险管控机制；

2.经过整改、巩固和提高，增强了保密工作薄弱环节，提升了保密管理的规范化程度，加强了技防手段，有效控制了失泄密风险隐患，未出现失泄密事件及疑似失泄密问题；

3.坚持保密常态化管理，营造了重视保密、研究保密、加强保密的整体文化氛围，促进保密工作与业务工作深度融合，培养了全体员工遵章守纪的良好工作习惯，初步形成了严谨的保密性格和自觉的保密意识。

（二）改进方向

1.进一步提升保密工作法制化水平；

2.坚定不移推进保密工作"本土化"；

3.坚持常态化保密管理，管控潜在风险隐患。

第二节 建立保密长效机制的发展理念

军工单位通过保密资格认定只是单位保密工作进入良性循环的起点,保密认定的目的是为了逐步建立军工科研生产单位的保密安全体系,建立国防科技工业安全保密工作的长效机制,确保国家安全与利益。

各单位要以习近平总书记的重要批示为指导,站在国家安全和利益的高度,吸取教训,针对漏洞,举一反三,从法律法规、政策、制度入手,建立适应社会主义市场经济和武器装备科研需要的国防科技工业安全保密管理体系,实现管理法制化、工作标准化、队伍专业化、防范能力现代化的目标,逐步建立教育、管理、监督的良性互动及人防、物防、技防有机结合的国防工业安全保密的长效工作机制。

保密工作长效机制的形成,必须建立一套规范、完善、系统、科学、有效的保密管理体系。借鉴质量体系、风险管理的概念,建立保密管理体系。以确保国家秘密安全为目标,结合保密工作特殊性,实现对保密工作事项和薄弱环节进行有效控制。体系化建设的思路在本书开头已经有了介绍,在此不再赘述。但保密工作的几个发展理念,关系到单位的长远发展,希望能够引起重视。

一、管理法制化

保密工作根据面临的新情况、新问题,在继承优良传统的基础上,大力推进制度创新。各单位领导要依据党和国家关于保密工作的方针、政策、法律法规以及上级的有关规定,组织本单位制定涵盖保密工作各个方面的切实可行的基本制度、专项制度、业务制度,编写工作流程、工作表格,使制度规范、可操作,并依据情况的发展和变化及时修订。

制定单位的保密制度时,不仅要明确责任,更要明确责任人应当作为的形式和时限要求。有了具体的作为要求,对仍不作为的,要规定有效考核和严格处罚的具体措施。

根据"业务工作谁主管,保密工作谁负责"的原则,单位领导要注重内部涉密部门结合业务工作实际和特点制定的保密管理二级(部门)制度和措施建设,注重重大涉密工程或项目制定的特殊保密管理措施;理清本单位的密源,整理《定密指南》,制定本单位的定密和密级调整管理办法,进而"双定密"(以项定岗、以岗定人),梳理出涉密人员和涉密岗位,明确岗位职责;有针对性地组织制定分级管理的各项保密管理规定,研究制定各类涉密重大事项的管理流程,完善要害部门、部位的保密管理措施,强化信息系统、信息设备和存储设备的技术防护管理要求,掌握做好大型试验、国防科技重大专项、新闻宣传、协作配套、外事活动等方面的保密工作,"纲举目张"地抓好本单位的各项保密管理工作措施的落实,并推动单位逐渐充实和完善国防科技工业安全保密的法规体系。

二、工作标准化

工作标准化是建立在保密管理体系化的基础上的。贯穿在《标准》的保密责任、归口管理、保密组织机构、保密制度、保密管理、监督与保障的六个方面及若干子项的评分细则,已梳理出军工单位保密管理体系的工作标准。

各军工单位要组织涉密人员学习并熟知《标准》，按照"业务工作谁主管，保密工作谁负责"的原则，单位主要领导要积极组织各部门落实工作标准的要求，循序渐进，持续改进地做好各部门的保密工作；各级涉密人员要遵循《标准》的要求，履行好涉密人员的权利和义务；保密工作机构则要发挥保密检查和监督的职能，指导、协调各部门的保密工作。

三、队伍专业化

国防科技工业涉及国家安全和利益，各军工单位领导要切实调动各方面的力量，加强组织机构和专、兼职保密工作人员队伍的建设，整合资源，形成合力。

（一）组织机构

单位领导要为单位的保密工作创建良好的工作环境，在组织机构方面建立保密委员会和保密工作领导小组，并明确其职责和权限，其成员应当有明确的职责分工。这一点对其切实履行职责、发挥作用至关重要。保密委员会或保密工作领导小组实行例会制度，对保密工作进行研究、部署和总结，及时解决保密工作中的重要问题，遇有重要情况和问题应当及时召开会议研究，并做出决定。

（二）人员配备

要重视保密干部的队伍建设，把政治素质好、懂法律、懂技术、善管理和热爱保密工作的干部充实到保密队伍中来。

国防军工保密工作所涉及的专业性、业务性很强，其工作对象具有强势群体的特点，尤其是涉密科研、生产和管理人员业务能力和科研水平很高，因此，保密工作机构人员自身也应当具有良好的政治、业务素质和管理能力。

单位领导要对专、兼职保密干部关心、爱护和支持，加强激励机制建设，在人、财、物方面为保密工作提供良好的工作平台。

四、防范能力现代化

随着科技的发展，特别是通信、计算机、办公自动化设备的飞速发展，现在的保密管理绝不是"关好门、管好嘴、锁好文件"的过去式，而是融入了管理学、法学、信息科学、心理学、密码学、情报学、计算机科学等多门学科的综合性专业的体系。随着科技的进步和社会的发展，保密工作愈来愈高技术化和专业化，隐蔽战线形势异常尖锐复杂，窃密手段越来越隐蔽化，反奸防谍斗争愈演愈烈，必须运用行政、法律、技术等综合手段的实施，提高防范能力现代化，构筑保密管理体系的安全，保障国家利益的安全。

（1）作为单位领导要改变过去的行政管理为主，而是转向技术防范与行政管理并举、侧重技术防范的工作方式，以技术手段实现对国家秘密的保护。

（2）单位领导要为保密机构提供足够的保密工作经费和专项经费，保证技术防范设施到位，同时要注重对保密要害部门、部位防范能力的建设，对新建项目同步规划、落实防范要求,保证保密管理经费和专项经费的落实。

(3)信息化建设对国防科技工业而言,信息安全保密是永恒的主题。现有的计算机和信息系统或多或少地存在着不安全的风险和泄密隐患。国家实行涉密计算机分级保密管理,以技术手段实现对涉密网络设备、信息、操作行为的控制和违规行为的发现监管能力,确保涉密信息系统安全;各单位领导和涉密人员要做到"上网不涉密,涉密不上网",在因工作需要携带涉密便携式计算机和存储介质外出时应履行相关审查、审批手续,避免泄密事件发生。

(4)加大安全保密技术产品的配置,加大保密技术防范能力建设的投入。保密工作是有成本的,确保国家秘密的安全,确保军工集团国家秘密的安全,是作为军工单位领军人最起码的保密素质。

(5)注重保密机构人员业务水平的培训和安全保密能力提高,加强涉密人员保密意识和防范技能的培训,提高安全保密的控制、监管、防范、发现、处置能力,使之能够适应军工行业保密管理的各项要求,为维护国防科技工业系统的内部稳定,实现国防科技又好又快发展目标做出自己的贡献。

附录 信息设备工作要求及操作方法

1.信息设备台账(《标准》126,131,147,150,157,182)

【建账范围】

·涉密信息设备:涉密应用系统、涉密服务器、涉密计算机(台式)、涉密计算机(便携式)、涉密中间机、非涉密中间机、涉密网络设备、涉密外部设施设备、涉密介质(U盘)、涉密介质(硬盘)、涉密办公自动化设备、涉密声像设备、涉密KEY、已报废的涉密设备;

·非涉密信息设备:非涉密计算机、非涉密介质、非涉密外部设施设备、非涉密办公自动化设备、非涉密声像设备。

【工作要求】

·台账应以电子和文档两种形式留存,电子台账应实时更新;

·账物相符,台账内信息必须完整(没有可以填"无");

·打印机序列号必须查询;

·硬盘序列号、责任人、操作系统安装时间等信息必须与审批表一致。

2.涉密设备全生命周期档案(《标准》148)

【工作要求】

·按照《涉密信息设备全生命周期档案》说明将相关内容存入信息档案中,统一样式集中管理(详见下发的档案目录)。

3.策略文档(《标准》139)

【工作要求】

·涉密计算机填写《涉密信息设备、涉密存储设备安全保密策略执行表单》,由计算机管理员签字确认,并将该策略文档存入计算机信息档案内;

·当涉密计算机的物理环境等发生变化时,须重新填写相应部分的策略文档。

4.粘贴标志(《标准》150,151)

【工作要求】

·保密台账包含的所有设备(涉密、非涉密)均须粘贴标志;

·按照统一要求进行标志粘贴;

·标志字迹书写要清晰醒目;

·各级保密员统计本单位需要的标志,到信息化部统一领取,标志粘贴位置参见图片"标志的粘贴方法"。

5.文档标志(《标准》149,152,158)

【工作要求】

·盘符、文件夹、文件名、文件首页均须标密(秘密★期限),所有电子文档应当增加涉密文档辑要页;

·查看是否有超越密级存储涉密文件的情况。

6. Windows 用户管理(《标准》180,181)

【工作要求】

·非多人共用的涉密计算机只能使用 administrator 作为唯一用户登录系统;

·多人共用的涉密计算机须对每一个使用人设定"Users"权限的用户,并分配不同的硬盘分区用来存储数据,不同用户之间不能互相访问各自分区数据。

【操作方法】

·控制面板→管理工具→计算机管理→本地用户和组→用户→双击无关用户→选择"账户已停用"选项,如附图 1、附图 2 所示;

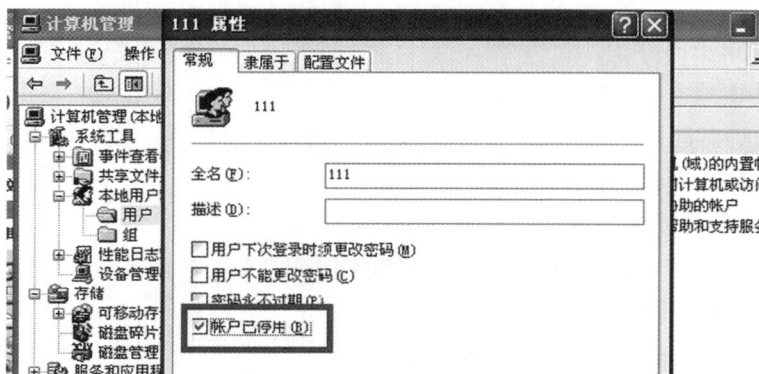

附图 1　Windows XP 账户停用操作界面

附图 2　Windows 7 账户停用操作界面

·控制面板→管理工具→计算机管理→本地用户和组→用户→右键→新用户→输入用户名、密码、取消"用户下次登录须更改密码"选项→创建完成后右键双击该用户→属性→查看隶属于选项卡,确认该用户权限为"Users",如附图 3、附图 4 所示。

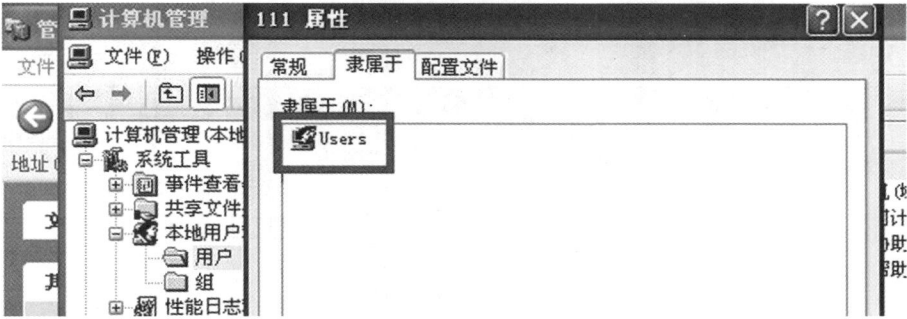

附图 3　Windows XP 新建用户界面

附图 4　Windows 7 新建用户界面

7. 多人共用涉密计算机管理(《标准》185)

【工作要求】

·使用时填写《涉密信息设备全生命周期使用登记簿(端口、管理员 KEY、多人共用、中间机)》;

·为每一个账户分配一个不同的分区,并划分访问权限,保证每个账户只能访问自己的分区。

【操作方法】

·控制面板→管理工具→计算机管理→磁盘管理→将硬盘进行分区,确保每一个账户有一个分区,如附图 5 所示;

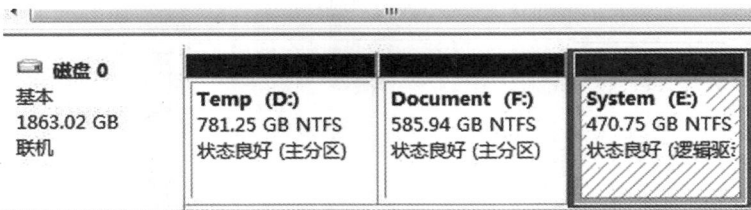

附图 5　账户分区界面

·我的电脑→工具→文件夹选项→查看→高级设置:确保"使用简单文件共享(推荐)"

不被选中，如附图6所示；

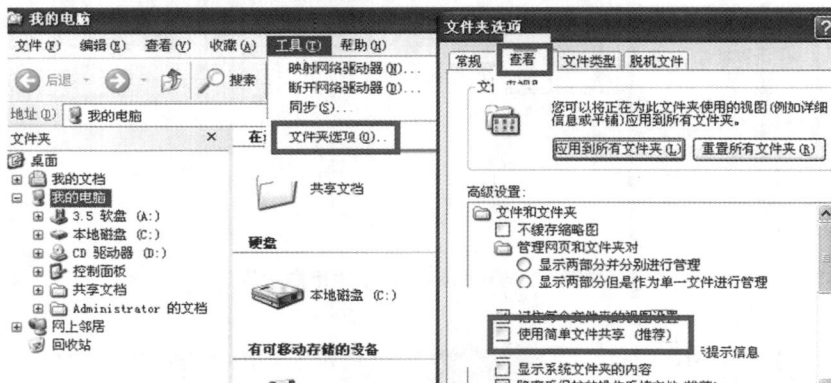

附图6　"使用简单文件共享（推荐）"选项界面

·右键需要设定权限的分区→属性→安全→将"Users"的权限全部取消→点击"添加"按钮→点击"高级"按钮→点击"立即查找"按钮→选中需要设定权限的账户，并点击"确定"按钮→再次点击"确定"按钮→设定该用户的访问权限为"完全控制"→同样再设定其他分区的账户权限，如附图7所示。

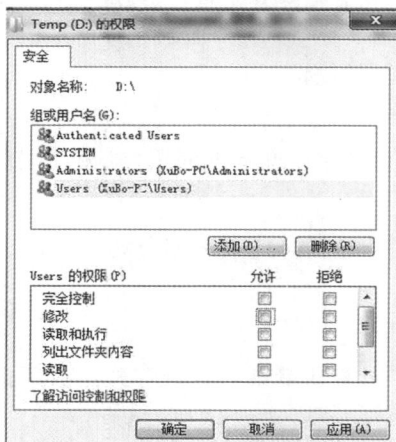

附图7　设定其他分区的账户权限界面

8. 密码管理（《标准》179）

【工作要求】

·BIOS必须设置开机密码；

·BIOS必须设置硬盘为第一启动项，并禁止F12等启动选择功能；

·KEY密码必须设置；

·Windows密码设置更改周期秘密级30天、机密级7天；

·Windows密码长度要求秘密级8位、机密级10位；

· Windows 密码复杂度要求大写字母、小写字母、数字、特殊符号中的任意 3 种以上包括 3 种组合；

· Windows 屏保必须设置，屏保启动时间不多于 10 分钟，恢复时须输入密码。

【操作方法】

· BIOS 密码设置一般在"安全（Security）"选项卡下设置，并将密码应用范围改为"系统（System）"；

· BIOS 启动设置一般在"启动（Boot）"选项卡下设置；

· KEY 统一下发，初始密码为"11111111"，修改方法：双击桌面右下角小黄图标（计算机安全与终端登录保护系统）→系统设置→用户 KEY 口令更改；

· 控制面板→管理工具→本地安全设置→计算机管理→本地用户和组→用户→双击 Administrator 用户→保证"密码永不过期"选项不选中，如附图 8、附图 9 所示；

附图 8　Windows XP"密码永不过期（P）"选项界面

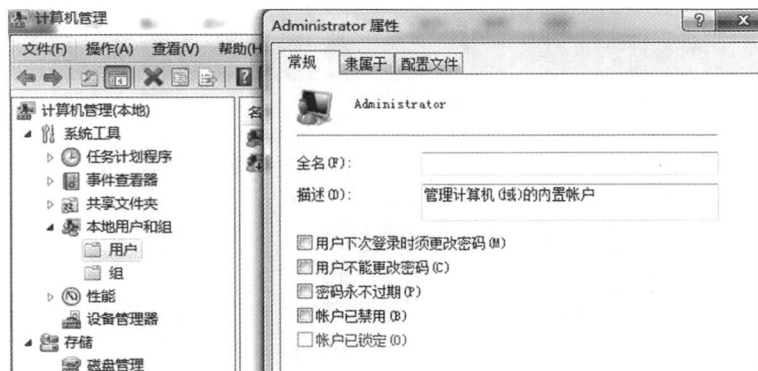

附图 9　Windows 7"密码永不过期（P）"选项界面

· 控制面板→管理工具→本地安全设置→账户策略→密码策略→密码必须符合复杂性要求并选择"已启用"、密码长度最小值按照不同密级输入数字、密码最长存留期按照不同密级输入数字、强制密码历史输入 1，如附图 10、附图 11 所示；

· 控制面板→管理工具→本地安全设置→账户策略→账户锁定策略→账户锁定阈值

输入 5 次,其余设置默认更改为 30,如附图 12、附图 13 所示;

·桌面右键→属性→屏幕保护程序→选择任意一项屏幕保护程序,等待时间设置小于 10 分钟,并选择"在恢复时返回到欢迎屏幕",如附图 14 所示。

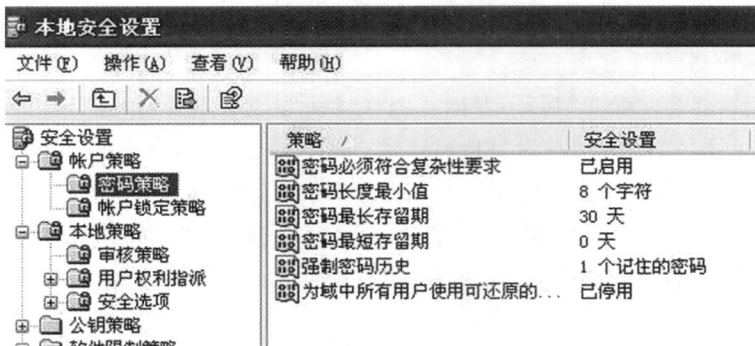

附图 10　Windows XP 密码策略界面

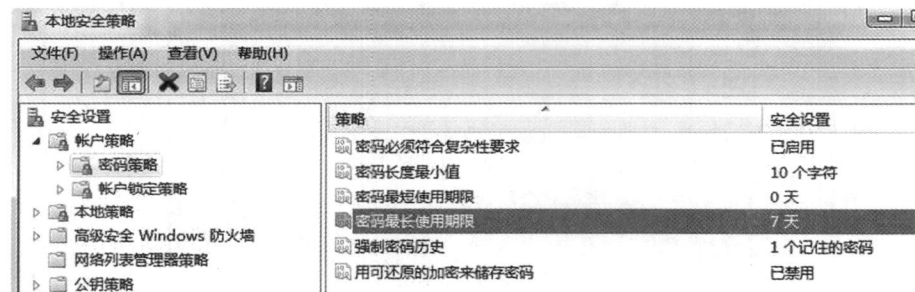

附图 11　Windows 7 密码策略界面

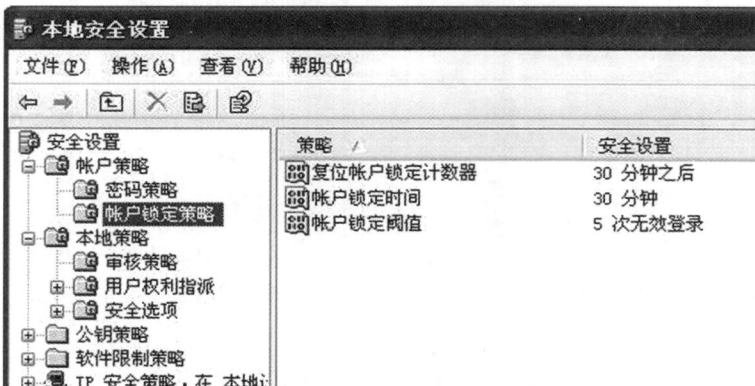

附图 12　Windows XP 账户锁定策略界面

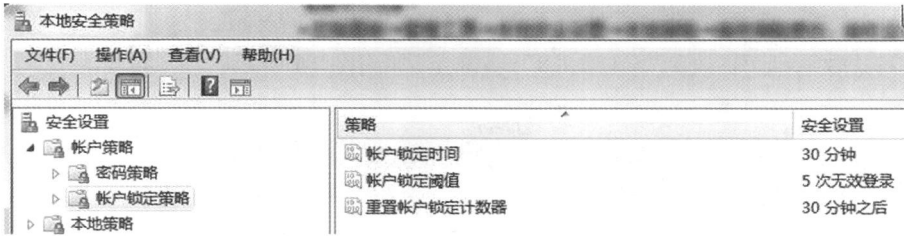

附图 13　Windows 7 账户锁定策略界面

附图 14　屏幕保护程序界面

9. Windows 系统策略及服务管理(《标准》180)

【工作要求】

·涉密计算机须设置审核策略,并将系统日志存储文件容量增大;

·关闭操作系统共享服务。

【操作方法】

·控制面板→管理工具→本地安全设置→本地策略→审核策略更改、审核登录事件、审核特权使用、审核系统事件、审核账户登录事件、审核账户管理均选择"成功""失败",如附图 15 所示;

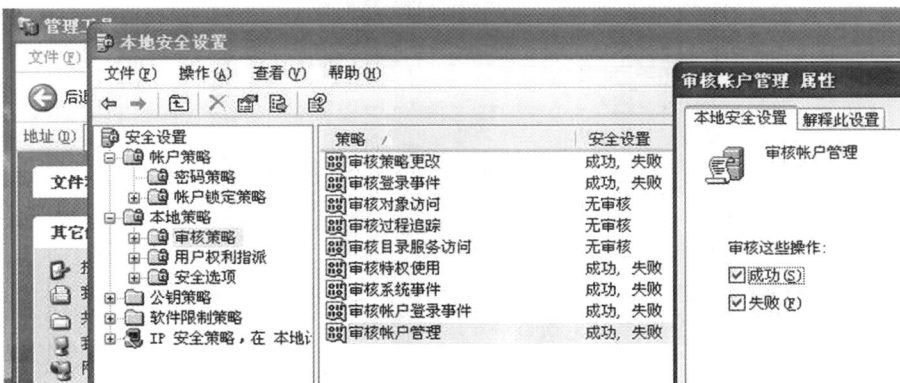

附图 15　审核策略界面

·控制面板→管理工具→事件查看器→右键"系统"("安全性""应用程序")→属性→将"最大日志文件大小"改为"5 120 KB"→确定,如附图 16 所示;

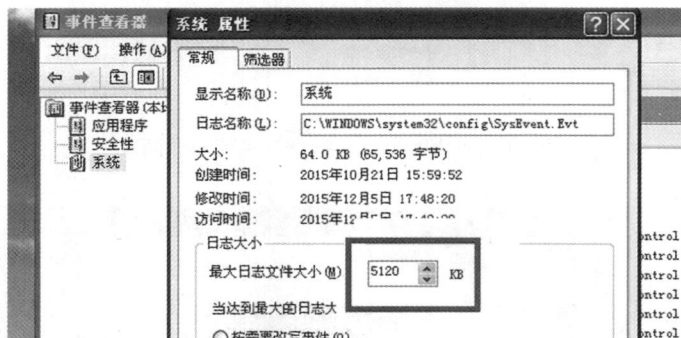

附图 16　系统属性界面

·控制面板→管理工具→服务→选择"Server",将启动类型改为"已禁用",如附图 17 所示。

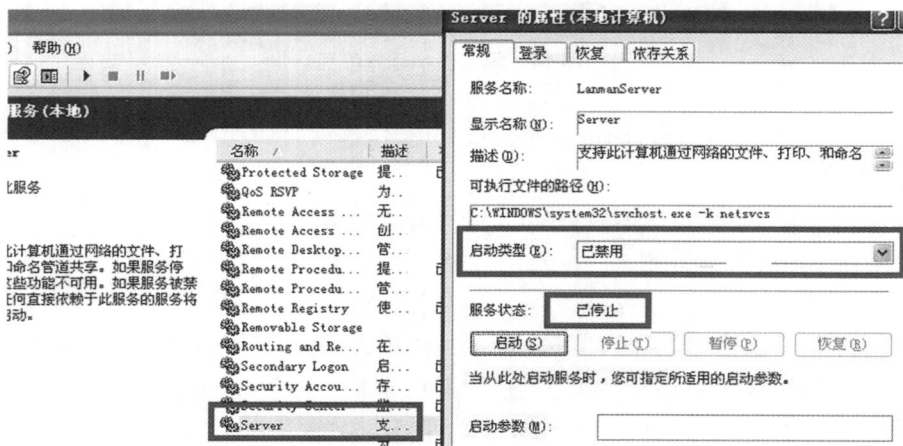

附图 17　Server 的属性界面

10. 系统补丁要求

【工作要求】

·涉密计算机须及时安装操作系统补丁、各类应用程序补丁。

【操作方法】

·Windows XP 系统安装至 300 补丁即可(开始→运行→输入 cmd 回车→输入 systeminfo 回车→显示"安装了×××个修补程序");

·Windows 7 补丁查看安装个数 200 个以上即可。

11. 杀毒软件(《标准》172)

【工作要求】

· 涉密计算机须安装具有公安部认证的国产杀毒软件;

· 中间机须安装与涉密机不同的杀毒软件;

· 杀毒软件的更新周期为 14 天;

· 升级病毒库后须进行全盘查杀;

· 病毒隔离区的隔离文件须删除;

· 如杀毒软件将防护系统文件作为病毒删除,则需要对该文件进行还原,并加入杀毒软件的白名单或不监控目录中。

【操作方法】

· 具有公安部认证的国产杀毒软件有金山毒霸、瑞星杀毒软件、360 杀毒软件、江民杀毒软件(windows 7 不能安装金山毒霸和瑞星 V17 版本的杀毒软件,与防护有冲突导致系统变慢);

· 如果涉密计算机长时间不使用则在第一次使用时升级杀毒软件即可;

· 瑞星杀毒软件 V16 白名单添加方法:在瑞星杀毒软件界面中单击"查杀设置"→白名单→单机右上角加号旁的下拉箭头选择"文件夹"→选择被删除文件所在的上层目录,如附图 18 所示;

附图 18　瑞星杀毒软件 V16 白名单设置界面

· 金山毒霸 10 白名单添加方法:在 360 杀毒软件界面中单击右上角"≡(菜单)"图标→设置→安全保护设置→信任设置→点击右侧黄色文件夹图标→选择被删除文件所在的上层目录,如附图 19 所示;

· 360 杀毒白名单添加方法:在 360 杀毒软件界面中单击"设置"→文件白名单→添加目录→选择被删除文件所在的上层目录,如附图 20 所示。

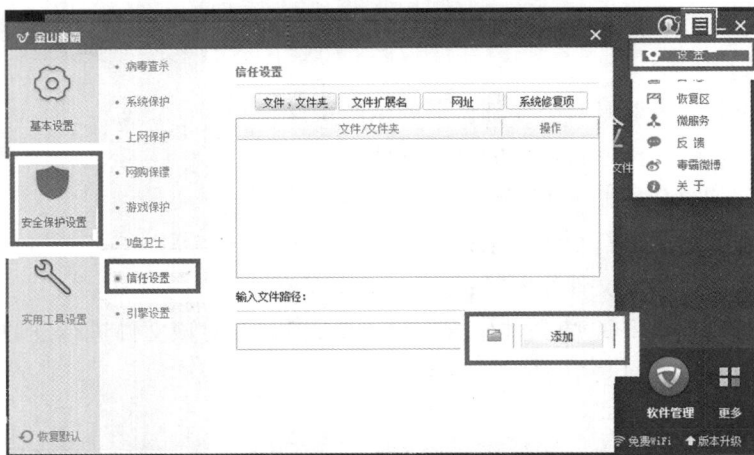

附图 19　金山毒霸 10 白名单信任设置界面

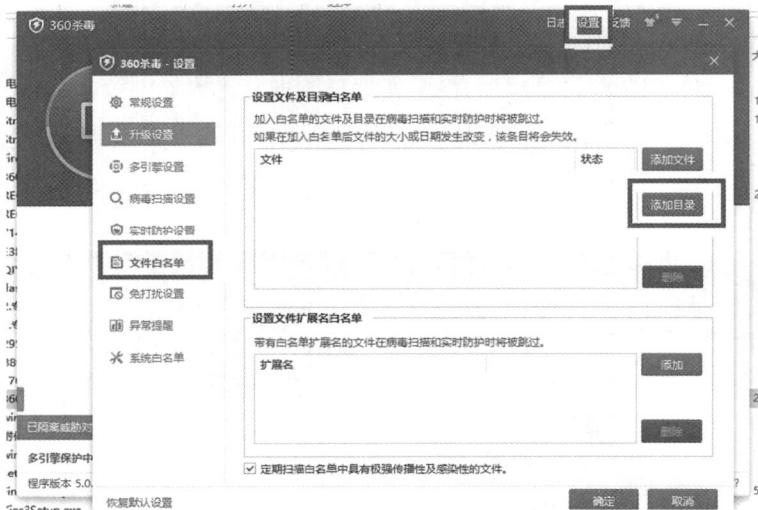

附图 20　360 杀毒软件白名单界面

12. 涉密计算机软件白名单(《标准》177,178)

【工作要求】

·白名单分为白名单和处级单位白名单,查看系统安装的软件是否均在白名单之内,如不在白名单之内,须留存《涉密信息设备变更审批表》;

·安装、卸载防护系统除进行审批之外须填写《涉密信息设备全生命周期使用登记簿(端口、管理员 KEY、多人共用、中间机)》。

13. 涉密计算机变更(《标准》131,153,173,175,176)

【工作要求】

·涉密计算机主机部分硬件变化必须进行审批(除显示器、键盘、鼠标外),留存《涉密信息设备变更审批表》;

·涉密计算机必须拆除无线模块(如无线网卡、蓝牙),禁止使用无线鼠标、键盘;

· 设备变更包括密级、使用人、责任人、管理员、地点、单位、用途、启用、停用、重装操作系统、低格、日志更改、软件变化、硬件变化等；

· 硬件变更由计算机管理员进行拆装；

· 如须降密使用设备，即机密级调整为秘密级，则须填写《涉密信息设备变更审批表》，并到信息化部进行信息擦除。

【操作方法】

· 变更前填写《涉密信息设备变更审批表》，写明变更事项及具体变更情况；

· 统一下发《涉密计算机软件白名单》，各处级单位根据本单位情况制定《涉密计算机软件白名单》并报信息化处备案，白名单内的软件可由计算机管理员进行安装、卸载，不需要审批；白名单之外的软件安装、卸载须填写《涉密信息设备变更审批表》。

14. 电磁泄漏发射防护（《标准》174）

【工作要求】

· 所有涉密设备必须通过红黑隔离插座供电（红黑隔离插座可以串联普通电源插座），机密级计算机必须使用视频干扰仪；

· 涉密设备与非涉密设备、偶然导体（如暖气、上下水管、电话线等）间距在 1 米以上；

· 涉密设备和非涉密设备禁止放置在同一金属平台上。

15. 防护系统使用（《标准》123，154，170，171）

【工作要求】

· 涉密计算机必须安装"三合一"防护系统和主机审计系统，Windows XP 还须安装桌面防护系统，查看"三合一"服务器→违规外联策略→TCP 地址和互联网告警终端地址。

16. 非涉密信息导入流程（《标准》186，187，188，190）

【操作方法】

· 将非涉密信息（互联网信息）拷入非涉密 U 盘→将非涉密中间转换盘接入单导盒的"通用"接口，导入数据；将非涉密信息（内部信息）光盘接入非涉密中间机进行病毒查杀，并在《涉密信息设备全生命周期使用登记簿（端口、管理员 KEY、多人共用、中间机）》登记，同时确认无病毒或可疑文件；使用中间机刻录一次性只读光盘，将光盘内容拷入涉密计算机后该光盘进行存档并每半年上交销毁；

· 非涉密信息须与定密表密点核对。

17. 涉密中间机使用（《标准》186，187，188，190）

【操作方法】

· 将外来涉密光盘数据导入涉密中间机中，进行病毒查杀，并在《涉密信息设备全生命周期使用登记簿（端口、管理员 KEY、多人共用、中间机）》登记，同时确认无病毒或可疑文件。将数据拷入涉密中间转换盘，将中间转换盘接入单导盒的"涉密"接口，导入数据；使用中间机刻录一次性只读光盘，将光盘数据拷入涉密计算机中，并将该光盘按照涉密载体进行登记、管理。

18. 非涉密信息输出（《标准》186，189）

【操作方法】

· 将数据拷贝至涉密 U 盘，连接到输出机后由输出机责任人（或计算机管理员）进行操作,填写《涉密信息设备全生命周期使用登记簿(打印、刻录、复印)》,写明日期时间、输出资料名称、密级等信息,操作人为输出机责任人(或计算机管理员),输出审批人为该项目的定密责任人,同时注明输出资料的去向或领取人。

19.涉密信息输出(《标准》186,189)

【工作要求】

·输出时必须在《涉密信息设备全生命周期使用登记簿(打印、刻录、复印)》登记,审批人(定密责任人)必须签字,写明最终去向;

·过程文件按照涉密载体进行管理,禁止自行销毁;

·废页为由于硒鼓缺墨或其他原因导致的不能体现完整内容的页面,打印出的废页经审批人签字后可以自行销毁。

【操作方法】

·将数据拷贝至涉密U盘,连接到输出机后由输出机责任人(或计算机管理员)进行操作,填写《涉密信息设备全生命周期使用登记簿(打印、刻录、复印)》,写明日期时间、输出资料名称、密级等信息,操作人为输出机责任人(或计算机管理员),输出审批人为该项目的定密责任人,同时注明输出资料的去向或领取人。

20.外出携带管理(《标准》163,164,165,166)

【工作要求】

·涉密便携式计算机区分外出携带和非外出携带,确定为外出携带专用的计算机在单位内禁止使用,确定为非外出携带的计算机禁止外出携带使用;

·涉密便携式计算机内如需存储涉密信息,须进行审批;

·涉密便携式计算机必须拆除无线联网功能模块,如无法拆除则不得作为涉密计算机使用;

·涉密U盘每次使用后须进行格式化处理。

【操作方法】

·专供外出的涉密便携式计算机在外出前须由计算机管理员进行带出前检查,使用人须说明外出用途,须开放端口,并填写《携带涉密便携式计算机外出保密审批表》和《涉密便携式计算机及存储介质外出操作记录及归还检查登记表》;

·外出时使用人应随身携带与便携式计算机相关的登记簿,如《涉密信息设备全生命周期使用登记簿(打印、刻录、复印)》,如连接外单位涉密设备输出,应做好登记记录;

·带回后由计算机管理员针对外出时的操作、输出记录进行检查、核实,并填写完成《涉密便携式计算机及存储介质外出操作记录及归还检查登记表》。

注:涉密便携式计算机端口管理必须由管理员使用管理KEY进行操作,使用人无法自行修改,故必须在外出携带前做好端口管理,否则可能导致无法使用。

21.设备维修管理(《标准》168,169)

【工作要求】

·涉密设备维修须进行审批;

·维修一般应在单位内进行,并由本单位有关人员全程旁站陪同,确保所存储的国家秘密信息不被泄露;

·须外出维修的,应当拆除所有可能存储过涉密信息的硬件和固件,与维修单位和维修人员签订保密协议。

【操作方法】

·维修前由计算机管理员填写《涉密信息设备维修保密审批表》;

·自行维修的则填写《涉密信息设备维修过程记录单》;

·外来人员进行维修须与对方签订《涉密信息设备维修保密协议》,并填写《涉密信息设备维修过程记录单》;

·如需要更换硬件设备则在记录单上写明更换内容即可,不需要再填写《涉密信息设备变更审批表》。

22.设备报废销毁(《标准》167)

【工作要求】

·不再使用或无法继续使用的涉密设备报废前,计算机管理员应拆除存储过涉密信息的硬件和固件,履行销毁审批手续。

【操作方法】

·由计算机管理员拆除涉密设备的存储部件;

·如储存部件仍继续使用,则该部件按照涉密载体进行集中登记、管理,之后填写《涉密信息设备报废审批表》,进行设备保密编号报废;如存储部件不再使用,则填写《涉密载体销毁审批表》《涉密载体销毁清单》,再与保密工作机构联系,预约销毁并获得销毁编号,之后填写《涉密信息设备报废审批表》,进行设备保密编号报废;

·已经履行完报废、销毁手续的涉密设备(如计算机)可以加装新硬盘作为非涉密设备继续使用。

23.审计日志、审计报告(《标准》196,197,198)

【工作要求】

·秘密级计算机每3个月导出审计日志,填写审计报告(4份/台年);机密级计算机每1个月导出审计日志,填写审计报告(10份/台年)。各涉密处级单位汇总,报送至信息化处。

【操作方法】

(1)客户端查询日志

·使用管理员KEY打开管理员工具(显示器锤子图标的"管理员工具.exe")→点击终端日志查询按钮可以进行日志查询→按照查询内容填写《涉密计算机安全保密审计报告》20150922版(机密级每月1次、秘密级每3个月1次,每学期期末上交至信息化处),或待日志上传至服务器后可以通过时间段进行查询,如附图21、附图22所示。

(2)客户端导出审计日志

·使用管理员KEY打开管理员工具(显示器锤子图标的"管理员工具.exe")→点击终端日志导出按钮(导出后删除日志选"否"),之后存到"我的文档"中,如附图23、附图24所示。

附图 21　基本操作界面

附图 22　日志查询界面

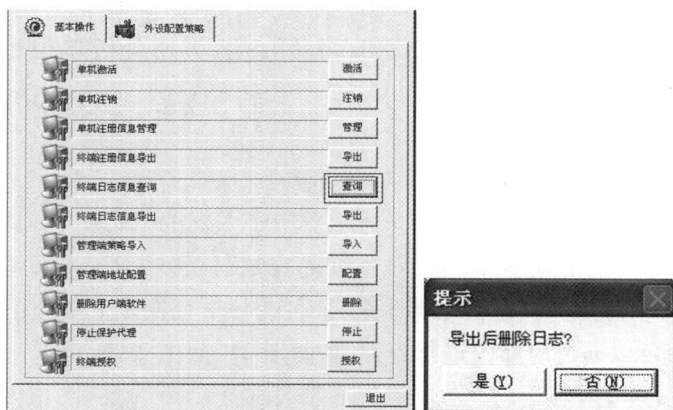

附图 23　基本操作及"导出后删除日志"提醒界面

附图 24　日志另存为界面

（3）服务器导入审计日志

·使用审计员 KEY 登陆审计服务器（http://127.0.0.1）→点击日志管理按钮→点击日志管理菜单→点击日志管理按钮→点击上传按钮→上传完毕后选择上传文件,点击导入按钮,将数据信息导入数据库→点击确定后弹出导入成功页面→日志导入成功,如附图 25 所示;

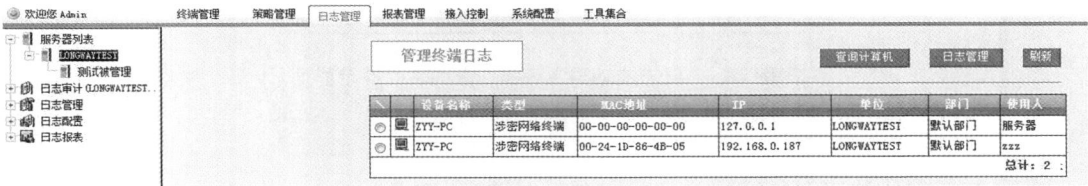

附图 25　日志管理界面

·点击上传按钮,如附图 26、附图 27 所示;

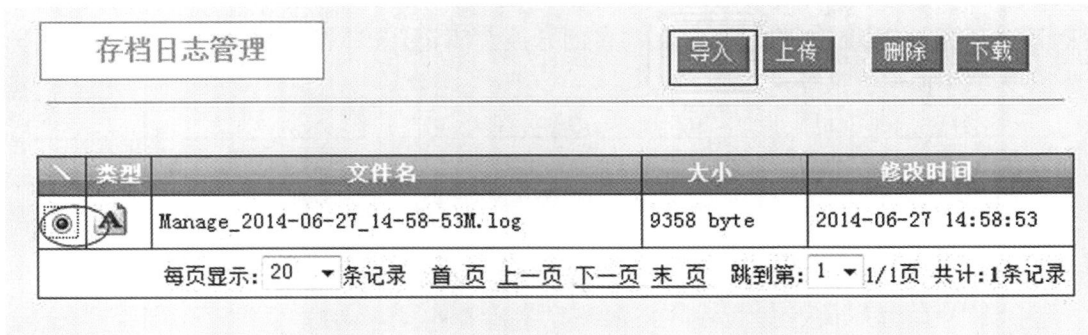

附图 26　存档日志管理——导入界面

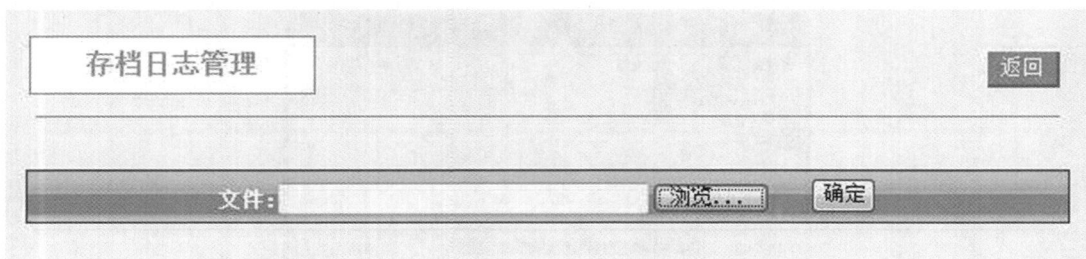

附图 27　存档日志管理——上传界面

·上传完毕后,选择上传文件,点击导入按钮,将数据信息导入数据库,如附附图 28 所示。

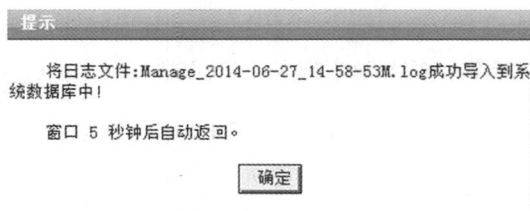

附图 28　"日志成功导入系统数据库中"提示界面

24. 各类登记簿说明

·《涉密载体使用登记簿》:使用涉密载体时登记、审批;

·《对外交流、网上信息发布登记簿》:发布与科研相关的信息时登记、审批;

·《涉密信息设备全生命周期使用登记簿(打印、刻录、复印)》:用于打印、刻录、复印的登记、记录、审批;

·《涉密信息设备全生命周期使用登记簿(端口、管理员 KEY、多人共用、中间机)》:用于计算机的防护系统安装卸载记录、端口的开放关闭记录、日志查看记录、中间机使用记录、多人共用使用记录等;

·各类登记簿审批人说明:审批人为定密责任人。

后　记

　　作为编撰丛书的倡导者和编写者之一，亲历了近三年的成书过程，作者们大都身兼重任，工作之余，奋笔耕耘，几易其稿，反复打磨，才有了今天的成品。回顾三年的艰辛历程，我首先想到的是耳熟能详的一段毛主席语录："我们都是来自五湖四海，为了一个共同的革命目标，走到一起来了。"是的，一群天南地北、不同行业的保密战线挚友，为了国家安全和利益，为了保密事业的发展，共同携手，将自己多年的实践积累倾情奉献给大家，这是什么精神？又是怎样的情怀？这是忠诚于党的保密事业，致力于事业的持续发展，无私奉献的精神，是不忘初心、牢记使命，为事业鞠躬尽瘁的情怀。

　　本套丛书的作者们多是在保密和信息安全战线打磨多年的行家里手，亲历了垦荒、耕耘、收获和持续发展的全过程，深知读者们的所急所需，因此在编书之初即确立了"注重要素，突出实操，方便落地"的原则，力求使读者们看了就能懂，拿来就能用，达到不仅"授人以鱼"，更要"授人以渔"的目的。书中没有投机应付的"技巧"，也没有高深晦涩的词句，但每一章都是厚植于业务土壤、辛勤耕耘的工作成果。字里行间跃动的是作者们多年工作实践的总结和严谨细实、见细见小的工作作风。

　　很喜欢一句话："利相近，志相同，道相合，义相投。"正是因为有这些志同道合、意气相投的战友们，为了共同的事业和理想，携手并进，通力合作，才成就了我们今天的这套丛书。

　　安全和保密是永恒的主题。我们深知自己的责任和使命，我们愿将多年的实践和积累与战友们分享，希望对大家有所帮助。

　　在此谨代表编委会再次向一直关注、关心并指导编书工作的各位领导、同人表示感谢！也向全体撰稿人和未曾留名的参与者表示感谢！

　　保密工作永远在路上，希望我们的丛书再续新篇。

2021 年 3 月